Rudolf Steiner Taschenbücher aus dem Gesamtwerk

Rudolf Steiner

Friedrich Nietzsche
ein Kämpfer
gegen seine Zeit

RUDOLF STEINER VERLAG
DORNACH/SCHWEIZ

Herausgegeben von der Rudolf Steiner-Nachlaßverwaltung

1. Auflage Weimar 1895

Ungekürzte Ausgabe nach dem gleichnamigen Band
der Rudolf Steiner Gesamtausgabe
Bibliographie-Nr. 5, ISBN 3-7274-0050-1
3. Auflage Dornach 1963

Taschenbuchausgabe

1.–6. Tsd. Dornach 1977
7.–15. Tsd. Dornach 1983

Bestell-Nr. tb 6210

Zeichen auf dem Umschlag und Titelblatt von Rudolf Steiner

Printed in Switzerland by Zbinden Druck und Verlag AG, Basel

ISBN 3-7274-6210-5

INHALT

FRIEDRICH NIETZSCHE
EIN KÄMPFER GEGEN SEINE ZEIT

VORREDE ZUR ERSTEN AUFLAGE

Als ich vor sechs Jahren die Werke Friedrich Nietzsches kennen lernte, waren in mir bereits Ideen ausgebildet, die den seinigen ähnlich sind. Unabhängig von ihm und auf anderen Wegen als er, bin ich zu Anschauungen gekommen, die im Einklang stehen mit dem, was Nietzsche in seinen Schriften: «Zarathustra», «Jenseits von Gut und Böse», «Genealogie der Moral» und «Götzen-Dämmerung» ausgesprochen hat. Schon in meinem 1886 erschienenen kleinen Buche «Erkenntnistheorie der Goetheschen Weltanschauung» kommt dieselbe Gesinnung zum Ausdruck wie in den genannten Werken Nietzsches.

Dies ist der Grund, warum ich mich gedrängt fühlte, ein Bild von dem Vorstellungs- und Empfindungsleben Nietzsches zu zeichnen. Ich glaube, daß ein solches Bild Nietzsche am ähnlichsten dann wird, wenn man es seinen erwähnten letzten Schriften gemäß schafft. So habe ich es getan. Die früheren Schriften Nietzsches zeigen uns ihn als *Suchenden*. Er stellt sich uns in ihnen dar als rastlos aufwärts Strebender. In seinen letzten Schriften sehen wir ihn auf dem Gipfel angelangt, der eine seiner ureigenen Geistesart angemessene Höhe hat. In den meisten der bis jetzt über Nietzsche erschienenen Schriften wird dessen Entwickelung so dargestellt, als ob er in den verschiedenen Zeiten seiner Schriftstellerlaufbahn voneinander mehr oder weniger abweichende Meinungen gehabt hätte. Ich habe zu zeigen versucht, daß von einem Meinungswechsel bei Nietzsche nicht die Rede sein kann, sondern nur von einer Aufwärts-Bewegung, von der naturgemäßen Entwickelung einer Persönlichkeit, die noch nicht die ihren Anschauungen entsprechende Ausdrucksform gefunden hatte, als sie ihre ersten Schriften schrieb.

Das Endziel von Nietzsches Wirken ist die Zeichnung des Typus «Übermensch». Diesen Typus zu charakterisieren, habe ich als eine der Hauptaufgaben meiner Schrift betrachtet. Mein Bild des Übermenschen ist genau das Gegenteil des Zerrbildes geworden, das in dem augenblicklich verbreitetsten Buche über Nietzsche von Frau *Lou Andreas-Salomé* entworfen ist. Man kann nichts dem Nietzscheschen Geiste mehr Zuwiderlaufendes in die Welt setzen, als das mystische Ungetüm, das Frau Salomé aus dem Übermenschen gemacht hat. Mein Buch zeigt, daß in Nietzsches Ideen nirgends auch nur die geringste Spur von Mystik anzutreffen ist. Auf die Widerlegung der Ansicht von Frau Salomé, daß Nietzsches Gedanken in «Menschliches, Allzumenschliches» von den Ausführungen *Paul Rées*, des Verfassers der «Psychologischen Beobachtungen» und des «Ursprungs der moralischen Empfindungen» und so weiter, beeinflußt seien, habe ich mich nicht eingelassen. Ein so mittelmäßiger Kopf wie Paul Rée konnte auf Nietzsche keinen bedeutenden Eindruck machen. Ich würde diese Dinge auch hier nicht berühren, wenn nicht das Buch von Frau Salomé so viel beigetragen hätte, geradezu widerwärtige Ansichten über Nietzsche zu verbreiten. *Fritz Koegel*, der ausgezeichnete Herausgeber von Nietzsches Werken, hat im «Magazin für Literatur» diesem Machwerke die gebührende Abfertigung angedeihen lassen.

Ich kann diese kurze Vorrede nicht beschließen, ohne Frau *Förster-Nietzsche*, der Schwester Nietzsches, herzlichst zu danken für die vielen Freundlichkeiten, die ich von ihr während der Zeit erfahren habe, in der meine Schrift entstanden ist. Den im «Nietzsche-Archiv» in Naumburg verlebten Stunden verdanke ich die Stimmung, aus der heraus die folgenden Gedanken geschrieben sind.

Weimar, April 1895

Rudolf Steiner

Ich führe hier zur Orientierung die bis jetzt erschienenen und für meine Ausführungen in Betracht kommenden Schriften Nietzsches an und füge zu jeder einzelnen die Jahreszahl des Erscheinens der ersten Auflage hinzu.

Die Geburt der Tragödie. Oder: Griechentum und Pessimismus. Die 1. Aufl. erschien 1872. Eine neue Ausgabe mit vorgedrucktem «Versuch einer Selbstkritik» erschien 1886.

Unzeitgemäße Betrachtungen. Erstes Stück: David Strauß, der Bekenner und der Schriftsteller. 1. Aufl. 1873. – Zweites Stück: Vom Nutzen und Nachteil der Historie für das Leben. 1. Aufl. 1874. – Drittes Stück: Schopenhauer als Erzieher. 1. Aufl. 1874. – Viertes Stück: Richard Wagner in Bayreuth. 1. Aufl. 1876.

Menschliches, Allzumenschliches. Ein Buch für freie Geister. 1. Band. 1. Aufl. 1878. Eine neue Ausgabe mit einer einführenden Vorrede erschien 1886.

Menschliches, Allzumenschliches. Ein Buch für freie Geister. 2. Band. Die beiden Abteilungen dieses Buches: «Vermischte Meinungen und Sprüche» und «Der Wanderer und sein Schatten» erschienen zuerst jede als besonderes Buch. Die erste 1879 unter dem Titel: «Menschliches, Allzumenschliches. Ein Buch für freie Geister. Anhang: Vermischte Meinungen und Sprüche», die zweite 1880. Beide Abteilungen wurden 1886 zu einem Bande vereinigt, der mit einer einführenden Vorrede versehen wurde und der den Titel trug: «Menschliches, Allzumenschliches. Ein Buch für freie Geister. Zweiter Band. Neue Ausgabe mit einer einführenden Vorrede.»

Morgenröte. Gedanken über die moralischen Vorurteile. 1. Aufl. 1881. Neue Ausgabe mit einer einführenden Vorrede 1887.

Die fröhliche Wissenschaft («La gaya scienza»). 1. Aufl. 1882. Neue Ausgabe mit einer Vorrede 1887.

Also sprach Zarathustra. Die Teile erschienen zuerst einzeln: 1. Teil 1883; 2. Teil 1883; 3. Teil 1884. Die erste Gesamtausgabe der drei Teile erschien 1886. Der vierte Teil erschien 1885 in 40 Abzügen bloß für Freunde und erst 1891 als 1. Aufl.

Jenseits von Gut und Böse. Vorspiel einer Philosophie der Zukunft. 1. Aufl. 1886.

Zur Genealogie der Moral. Eine Streitschrift. 1. Aufl. 1887.

Der Fall Wagner. Ein Musikanten-Problem. 1. Aufl. 1888.

Götzen-Dämmerung oder Wie man mit dem Hammer philosophiert. 1. Aufl. 1889.

Nietzsche contra Wagner. Aktenstücke eines Psychologen. Erschien 1895 in der Gesamtausgabe zum ersten Mal. 1888 bereits einmal gedruckt, aber nicht ausgegeben.

Der Antichrist. Versuch einer Kritik des Christentums. Das erste Buch des unvollendeten Werkes Nietzsches «Der Wille zur Macht». In der Gesamtausgabe (1895) zum erstenmal gedruckt.

Gedichte. In der Gesamtausgabe 1895.

Eine *Gesamtausgabe* von Nietzsches Werken in 8 Bänden ist 1895 bei C. G. Naumann in Leipzig erschienen. In derselben sind enthalten: «Die Geburt der Tragödie», 4. Aufl.; die «Unzeitgemäßen Betrachtungen», 3. Aufl.; «Menschliches, Allzumenschliches», 1. u. 2. Bd., 4. Aufl.; «Morgenröte», 2. Aufl.; «Fröhliche Wissenschaft», 2. Aufl.; «Zarathustra», 4. Aufl.; «Jenseits von Gut und Böse», 5. Aufl.; «Genealogie der Moral», 4. Aufl.; «Der Fall Wagner», 3. Aufl.; «Götzen-Dämmerung», 3. Aufl.; «Nietzsche contra Wagner»; «Antichrist»; «Gedichte».

Die Veröffentlichung der noch ungedruckten Arbeiten Nietzsches sowie seiner Entwürfe zu Arbeiten, seiner Fragmente und so weiter steht bevor.

I. DER CHARAKTER

1

Friedrich Nietzsche charakterisiert sich selbst als *einsamen* Grübler und Rätselfreund, als *unzeitgemäße* Persönlichkeit. Wer auf solchen eigenen Wegen geht, wie er, «begegnet niemandem: das bringen die ‹eigenen Wege› mit sich. Niemand kommt, ihm dabei zu helfen; mit allem, was ihm von Gefahr, Zufall, Bosheit und schlechtem Wetter zustößt, muß er allein fertig werden», sagt er in der Vorrede zur zweiten Ausgabe seiner «Morgenröte». Aber reizvoll ist es, ihm in seine Einsamkeit zu folgen. Die Worte, die er über sein Verhältnis zu Schopenhauer ausgesprochen hat, möchte ich über das meinige zu Nietzsche sagen: «Ich gehöre zu den Lesern Nietzsches, welche, nachdem sie die erste Seite von ihm gelesen haben, mit Bestimmtheit wissen, daß sie alle Seiten lesen und auf jedes Wort hören werden, das er überhaupt gesagt hat. Mein Vertrauen zu ihm war sofort da ... Ich verstand ihn, als ob er für mich geschrieben hätte: um mich verständlich, aber unbescheiden und töricht auszudrücken.» Man kann so sprechen und weit davon entfernt sein, sich als «Gläubigen» der Nietzscheschen Weltanschauung zu bekennen. Weiter allerdings nicht, als Nietzsche davon entfernt war, sich solche «Gläubige» zu wünschen. Legt er doch seinem «Zarathustra» die Worte in den Mund:

«Ihr sagt, ihr glaubt an Zarathustra? Aber was liegt an Zarathustra! Ihr seid meine Gläubigen: aber was liegt an allen Gläubigen!

Ihr hattet euch noch nicht gesucht: da fandet ihr mich. So tun alle Gläubigen; darum ist es so wenig mit allem Glauben.

Nun heiße ich euch, mich verlieren und euch finden; und erst, wenn ihr mich alle verleugnet habt, will ich euch wiederkehren.»

Nietzsche ist kein Messias und Religionsstifter; er kann deshalb sich wohl Freunde seiner Meinungen wünschen; Bekenner seiner Lehren aber, die ihr eigenes Selbst aufgeben, um das seinige zu finden, kann er nicht wollen.

In Nietzsches Persönlichkeit finden sich Instinkte, denen ganze Vorstellungskreise seiner Zeitgenossen zuwider sind. Von den wichtigsten Kulturideen derjenigen, in deren Mitte er sich entwickelt hat, wendet er sich ab mit einem instinktiven Widerwillen; und zwar nicht so, wie man eine Behauptung ablehnt, in der man einen logischen Widerspruch entdeckt hat, sondern wie man sich von einer Farbe abwendet, die dem Auge Schmerz verursacht. Der Widerwille geht von dem unmittelbaren Gefühl aus; die bewußte Überlegung kommt zunächst gar nicht in Betracht. Was andere Menschen empfinden, wenn ihnen die Gedanken: Schuld, Gewissensbiß, Sünde, jenseitiges Leben, Ideal, Seligkeit, Vaterland durch den Kopf gehen, wirkt auf Nietzsche unangenehm. Die instinktive Art der Abneigung gegen die genannten Vorstellungen unterscheidet Nietzsche auch von den sogenannten «Freigeistern» der Gegenwart. Diese kennen alle Verstandeseinwände gegen die «alten Wahnvorstellungen»; aber wie selten findet sich einer, der von sich sagen kann: seine *Instinkte* hängen nicht mehr an ihnen! Gerade die Instinkte sind es, die den Freigeistern der Gegenwart böse Streiche spielen. Das Denken nimmt einen von den überlieferten Ideen unabhängigen Charakter an, aber die Instinkte können sich diesem veränderten Charakter des Verstandes nicht anpassen. Diese «freien

Geister» setzen irgend einen Begriff der modernen Wissenschaft an die Stelle einer älteren Vorstellung; aber sie sprechen so von ihm, daß man erkennt: der Verstand geht einen andern Weg als die Instinkte. Der Verstand sucht in dem *Stoffe*, in der *Kraft*, in der *Naturgesetzlichkeit* den Urgrund der Erscheinungen; die Instinkte aber verleiten dazu, diesen Wesen gegenüber dasselbe zu empfinden, was andere ihrem persönlichen Gotte gegenüber empfinden. Geister dieser Art wehren sich gegen den Vorwurf der Gottesleugnung; aber sie tun es nicht deshalb, weil ihre Weltauffassung sie auf etwas führt, was mit irgend einer Gottesvorstellung übereinstimmt, sondern weil sie von ihren Vorfahren die Eigenschaft ererbt haben, bei dem Worte «Gottesleugner» ein *instinktives* Gruseln zu empfinden. Große Naturforscher betonen, daß sie die Vorstellungen: Gott, Unsterblichkeit nicht verbannen, sondern nur im Sinne der modernen Wissenschaft umgestalten wollen. Ihre Instinkte sind eben hinter ihrem Verstande zurückgeblieben.

Eine große Zahl dieser «freien Geister» vertritt die Ansicht, daß der Wille des Menschen unfrei ist. Sie sagen: der Mensch *muß* in einem bestimmten Falle so handeln, wie es sein Charakter und die auf ihn einwirkenden Verhältnisse bedingen. Man halte aber Umschau bei diesen Gegnern der Ansicht vom «freien Willen», und man wird finden, daß sich die Instinkte dieser «Freigeister» von dem Vollbringer einer «bösen» Tat geradeso mit Abscheu abwenden, wie es die Instinkte der anderen tun, die der Meinung sind: der «freie Wille» könne sich nach Belieben dem Guten oder dem Bösen zuwenden.

Der Widerspruch zwischen Verstand und Instinkt ist das Merkmal unserer «modernen Geister». Auch in den freiesten Denkern der Gegenwart leben noch die von der christlichen Orthodoxie gepflanzten Instinkte. Genau die entgegengesetzten sind in Nietzsches Natur wirksam. Er braucht nicht erst darüber nachzudenken, ob es Gründe gegen die Annahme eines persönlichen Weltenlenkers gibt. Sein Instinkt ist zu stolz, um sich vor einem solchen zu beugen; deshalb lehnt er eine derartige Vorstellung ab. Er spricht mit seinem Zarathustra: «Aber daß ich euch ganz mein Herz offenbare, ihr Freunde: *wenn* es Götter gäbe, wie hielte ich's aus, kein Gott zu sein! *Also* gibt es keine Götter.» Sich selbst oder einen andern wegen einer begangenen Handlung «schuldig» zu sprechen, dazu drängt ihn nichts in seinem Innern. Um ein solches «schuldig» unstatthaft zu finden, dazu braucht er keine Theorie vom «freien» oder «unfreien» Willen.

Auch die patriotischen Empfindungen seiner deutschen Volksgenossen sind Nietzsches Instinkten zuwider. Er kann sein Empfinden und Denken nicht abhängig machen von den Gedankenkreisen des Volkes, innerhalb dessen er geboren und erzogen ist; auch nicht von der Zeit, in der er lebt. «Es ist so kleinstädtisch», sagt er in seiner Schrift «Schopenhauer als Erzieher», «sich zu Ansichten verpflichten, welche ein paar hundert Meilen weiter schon nicht mehr verpflichten. Orient und Okzident sind Kreidestriche, die uns jemand vor unsre Augen hinmalt, um unsere Furchtsamkeit zu narren. Ich will den Versuch machen, zur Freiheit zu kommen, sagt sich die junge Seele; und da sollte es sie hindern, daß zufällig zwei Nationen sich hassen und bekriegen, oder daß ein Meer zwischen zwei Erdteilen liegt, oder daß rings um sie eine Religion gelehrt wird, welche doch vor ein paar tausend Jahren nicht bestand.»

Die Empfindungen der Deutschen während des Krieges im Jahre 1870 fanden in seiner Seele einen so geringen Widerhall, daß er, «während die Donner der Schlacht von Wörth über Europa weggingen», in einem Winkel der Alpen saß, «sehr vergrübelt und verrätselt, folglich sehr bekümmert und unbekümmert zugleich», und seine Gedanken über die Griechen niederschrieb. Und als er einige Wochen darauf sich selbst «unter den Mauern von Metz» befand, war er «immer noch nicht losgekommen von den Fragezeichen», die er zum Leben und «der griechischen Kunst gesetzt hatte». (Vgl. «Versuch einer Selbstkritik» in der zweiten Auflage seiner «Geburt der Tragödie».) Als der Krieg zu Ende war, stimmte er so wenig in die Begeisterung seiner deutschen Zeitgenossen über den errungenen Sieg ein, daß er schon im Jahre 1873 in seiner Schrift über *David Strauß* von den «schlimmen und gefährlichen Folgen» des siegreich beendeten Kampfes sprach. Er stellte es sogar als einen Wahn hin, daß auch die deutsche Kultur in diesem Kampfe gesiegt habe, und er nannte diesen Wahn gefährlich, weil, wenn er innerhalb des deutschen Volkes herrschend wird, die Gefahr vorhanden ist, den Sieg «in eine völlige Niederlage zu verwandeln: *in die Niederlage, ja Exstirpation des deutschen Geistes zugunsten des ‹Deutschen Reiches›*.» Das ist Nietzsches Gesinnung in einer Zeit, in der ganz Europa voll ist von nationaler Begeisterung. Es ist die Gesinnung einer *unzeitgemäßen* Persönlichkeit, eines *Kämpfers gegen seine Zeit.* Außer dem Angeführten ließe sich noch vieles nennen, was in Nietzsches Empfindungs- und Vorstellungsleben anders ist, als in dem seiner Zeitgenossen.

2

Nietzsche ist kein «Denker» im gewöhnlichen Sinne des Wortes. Für die fragwürdigen und tiefdringenden Fragen, die er der Welt und dem Leben gegenüber zu stellen hat, reicht das bloße Denken nicht aus. Für diese Fragen müssen alle Kräfte der menschlichen Natur entfesselt werden; die *denkende* Betrachtung allein ist ihnen nicht gewachsen. Zu bloß *erdachten* Gründen für eine Meinung hat Nietzsche kein Vertrauen. «Es gibt ein Mißtrauen in mir gegen Dialektik, selbst gegen Gründe», schreibt er am 2. Dezember 1887 an *Georg Brandes*. (Vgl. dessen «Menschen und Werke», S. 212.) Wer ihn um die Gründe seiner Ansichten fragt, für den hat er «Zarathustras» Antwort bereit: «Du fragst warum? Ich gehöre nicht zu denen, welche man nach ihrem Warum fragen darf.» Nicht ob eine Ansicht logisch bewiesen werden kann, ist für ihn maßgebend, sondern ob sie auf alle Kräfte der menschlichen Persönlichkeit so wirkt, daß sie für das Leben *Wert* hat. Er läßt einen Gedanken nur gelten, wenn er ihn geeignet findet, zur Entwickelung des Lebens beizutragen. Den Menschen so gesund als möglich, so machtvoll als möglich, so schöpferisch als möglich zu sehen, ist sein Wunsch. Wahrheit, Schönheit, alle Ideale haben nur Wert und gehen den Menschen nur etwas an, insofern sie *lebenfördernd* sind.

Die Frage nach dem *Werte der Wahrheit* tritt in mehreren Schriften Nietzsches auf. In der verwegensten Form wird sie in seinem Buche: «Jenseits von Gut und Böse» gestellt. «Der Wille zur Wahrheit, der uns noch zu manchem Wagnisse verführen wird, jene berühmte Wahrhaftigkeit, von der alle Philosophen bisher mit Ehrerbietung geredet haben: was für Fragen hat dieser Wille zur Wahrheit uns schon vorgelegt! Welche wunderlichen schlimmen fragwürdigen Fragen! Das ist bereits eine lange Geschichte – und doch scheint es, daß sie kaum eben angefangen hat. Was Wunder, wenn wir endlich auch mißtrauisch werden, die Geduld verlieren, uns ungeduldig umdrehn? Daß wir von dieser Sphinx auch unsrerseits das Fragen lernen? *Wer* ist das eigentlich, der uns hier Fragen stellt? *Was* in uns will eigentlich ‹zur Wahrheit›? – In der Tat, wir machten lange halt vor der Frage nach der Ursache dieses Willens – bis wir, zuletzt, vor einer noch gründlicheren Frage ganz und gar stehen blieben. Wir fragten nach dem *Werte dieses Willens*. Gesetzt, wir wollen Wahrheit: *warum nicht lieber Unwahrheit?*»

Das ist ein Gedanke von kaum zu überbietender Kühnheit. Stellt man daneben, was ein anderer kühner «Grübler und Rätselfreund», *Johann Gottlieb Fichte*, von dem Streben nach Wahrheit sagt, so sieht man erst, wie tief aus dem Wesen der menschlichen Natur Nietzsche seine Vorstellungen heraufholt. «Ich bin dazu berufen» – sagt Fichte – «der Wahrheit Zeugnis zu geben; an meinem Leben und an meinen Schicksalen liegt nichts; an den Wirkungen meines Lebens liegt unendlich viel. Ich bin ein Priester der Wahrheit; ich bin in ihrem Solde; ich habe mich verbindlich gemacht, alles für sie zu tun und zu wagen und zu leiden.» (Fichte, Vorlesungen «Über die Bestimmung des Gelehrten», vierte Vorlesung.) Diese Worte sprechen das Verhältnis aus, in das sich die edelsten Geister der abendländischen neueren Kultur zur Wahrheit setzen. Nietzsches angeführtem Ausspruch gegenüber erscheinen sie oberflächlich. Man kann gegen sie einwenden: Ist es denn nicht möglich, daß die Unwahrheit wertvollere Wirkungen für das Leben hat, als die Wahrheit? Ist es ausgeschlossen, daß die Wahrheit dem Leben schadet? Hat sich Fichte diese Fragen gestellt? Haben es andere getan, die «der Wahrheit Zeugnis» gegeben haben?

Nietzsche aber stellt diese Fragen. Und er glaubt über sie erst dann ins Reine zu kommen, wenn er das Streben nach Wahrheit nicht als bloße Verstandessache behandelt, sondern nach den Instinkten sucht, die dieses Streben erzeugen. Denn es könnte ja wohl sein, daß sich diese Instinkte der Wahrheit nur als Mittel bedienten, um etwas zu erreichen, was höher steht, als die Wahrheit. Nietzsche findet, nachdem er «lange genug den Philosophen zwischen die Zeilen und auf die Finger gesehn» hat: «Das meiste bewußte Denken eines Philosophen ist durch seine Instinkte heimlich geführt und in bestimmte Bahnen gezwungen.» Die Philosophen glauben, die letzte Triebfeder ihres Tuns sei das Streben nach Wahrheit. Sie glauben dies, weil sie nicht auf den Grund der menschlichen Natur zu sehen vermögen. In Wirklichkeit wird das Streben nach Wahrheit gelenkt von dem *Willen zur Macht.* Mit Hilfe der Wahrheit soll die Macht und Lebensfülle der Persönlichkeit erhöht werden. Das bewußte Denken des Philosophen ist der Meinung: die Erkenntnis der Wahrheit sei ein letztes Ziel; der unbewußte Instinkt, der das Denken treibt, strebt nach Förderung des Lebens. Für diesen Instinkt ist «die Falschheit eines Urteils noch kein Einwand gegen ein Urteil»; für ihn kommt allein die Frage in Betracht: «wie weit es lebenfördernd, lebenerhaltend, Art-erhaltend, vielleicht gar Art-züchtend ist» («Jenseits von Gut und Böse», § 3 und 4).

«‹Wille zur Wahrheit› heißt ihr's, ihr Weisesten, was euch treibt und brünstig macht?

Wille zur Denkbarkeit alles Seienden: also heiße *ich* euren Willen!

Alles Seiende wollt ihr erst denkbar *machen:* denn ihr zweifelt mit gutem Mißtrauen, ob es schon denkbar ist.

Aber es soll sich euch fügen und biegen! So will's euer Wille. Glatt soll es werden und dem Geiste untertan, als sein Spiegel und Widerbild.

Das ist euer ganzer Wille, ihr Weisesten, als ein Wille zur Macht ...» («Zarathustra», 2. Teil, «Von der Selbst-Überwindung».)

Die Wahrheit soll die Welt dem Geiste untertan machen und dadurch dem Leben dienen. Nur als Lebensbedingung hat sie einen Wert. – Kann man nicht aber noch weiter gehen und fragen: was ist das Leben selbst wert? Nietzsche hält eine solche Frage für unmöglich. Daß alles Lebende so machtvoll, so inhaltreich leben will, als irgend möglich ist, nimmt er als eine Tatsache hin, über die er nicht weiter grübelt. Die Lebensinstinkte fragen nicht nach dem Werte des Lebens. Sie fragen nur: welche Mittel gibt es, um die Macht ihres Trägers zu erhöhen. «Urteile, Werturteile über das Leben, für oder wider, können zuletzt niemals wahr sein: sie haben nur Wert als Symptome, sie kommen nur als Symptome in Betracht – an sich sind solche Urteile Dummheiten. Man muß durchaus seine Finger darnach ausstrecken und den Versuch machen, die erstaunliche Finesse zu fassen, *daß der Wert des Lebens nicht abgeschätzt werden kann.* Von einem Lebenden nicht, weil ein solcher Partei, ja sogar Streitobjekt ist, und nicht Richter; von einem Toten nicht, aus einem andren Grunde. – Von seiten eines Philosophen im *Wert* des Lebens ein Problem sehn, bleibt dergestalt sogar ein Einwurf gegen ihn, ein Fragezeichen an seiner Weisheit, eine Unweisheit.» – («Götzen-Dämmerung», «Das Problem des Sokrates».) Die Frage nach dem Werte des Lebens existiert nur für eine mangelhaft ausgebildete, kranke Persönlichkeit. Wer allseitig entwickelt ist, *lebt*, ohne zu fragen, wieviel sein Leben wert ist.

Weil Nietzsche die beschriebenen Ansichten hat, deshalb legt er auf logische Beweisgründe für ein Urteil wenig Gewicht. Nicht darauf kommt es ihm an, ob sich das Urteil logisch beweisen läßt, sondern wie gut sich unter seinem Einflusse leben läßt. Nicht allein der Verstand, sondern die ganze Persönlichkeit des Menschen soll befriedigt werden. Die besten Gedanken sind diejenigen, welche alle Kräfte der menschlichen Natur in eine ihnen angemessene Bewegung bringen.

Nur Gedanken dieser Art haben für Nietzsche Interesse. Er ist kein philosophischer Kopf, sondern ein «Honigsammler des Geistes», der die «Bienenkörbe» der Erkenntnis aufsucht und heimzubringen sucht, was dem Leben frommt.

3

In Nietzsches Persönlichkeit sind diejenigen Instinkte vorherrschend, die den Menschen zu einem gebietenden, herrischen Wesen machen. Ihm gefällt alles, was Macht bekundet; ihm mißfällt alles, was Schwäche verrät. Er fühlt sich nur so lange glücklich, als er sich in Lebensbedingungen befindet, die seine Kraft erhöhen. Er liebt Hemmnisse, Widerstände für seine Tätigkeit, weil er sich bei ihrer Überwindung seiner Macht bewußt wird. Er sucht die beschwerlichsten Wege auf, die der Mensch gehen kann. Ein Grundzug seines Charakters ist in dem Spruche ausgedrückt, den er der zweiten Ausgabe seiner «Fröhlichen Wissenschaft» auf das Titelblatt gesetzt hat:

«Ich wohne in meinem eignen Haus,
Hab' niemandem nie nichts nachgemacht
Und – lachte noch jeden Meister aus,
Der nicht sich selber ausgelacht.»

Jede Art von Unterordnung unter eine fremde Macht empfindet Nietzsche als Schwäche. Und über das, was eine «fremde Macht» ist, denkt er anders als mancher, der sich als «unabhängigen, freien Geist» bezeichnet. Nietzsche empfindet es als Schwäche, wenn der Mensch sich in seinem Denken und Handeln sogenannten «ewigen, ehernen» Gesetzen der Vernunft unterwirft. Was die allseitig entwickelte Persönlichkeit tut, das läßt sie sich von keiner Moralwissenschaft vorschreiben, sondern allein von den Antrieben des eigenen Selbst. Der Mensch ist in dem Augenblicke schon schwach, in dem er nach Gesetzen und Regeln *sucht*, nach denen er denken und handeln *soll*. Der Starke *bestimmt* die Art seines Denkens und Handelns aus seinem eigenen Wesen heraus.

Diese Ansicht spricht Nietzsche am schroffsten in Sätzen aus, um derentwillen ihn kleinlich denkende Menschen geradezu als einen gefährlichen Geist bezeichnet haben: «Als die christlichen Kreuzfahrer im Orient auf jenen unbesiegbaren Assassinenorden stießen, jenen Freigeisterorden par excellence, dessen unterste Grade in einem Gehorsame lebten, wie einen gleichen kein Mönchsorden erreicht hat, da bekamen sie auf irgend welchem

Wege auch einen Wink über jenes Symbol und Kerbholzwort, das nur den obersten Graden, als deren Sekretum, vorbehalten war: ‹*Nichts ist wahr, alles ist erlaubt**› ... Wohlan, das war *Freiheit* des Geistes, *damit* war der Wahrheit selbst der Glaube *gekündigt*» ... («Genealogie der Moral», 3. Abhandlung, § 24.) Daß diese Sätze die Empfindungen einer vornehmen, einer Herrennatur zum Ausdruck bringen, die sich die Erlaubnis, frei, nach ihren *eigenen* Gesetzen zu leben, durch keine Rücksicht auf ewige Wahrheiten und Vorschriften der Moral verkümmern lassen will, fühlen diejenigen Menschen nicht, die, ihrer Art nach, zur Unterwürfigkeit geeignet sind. Eine Persönlichkeit, wie die Nietzsches ist, verträgt auch jene Tyrannen nicht, die in der Form abstrakter Sittengebote auftreten. *Ich* bestimme, wie ich denken, wie ich handeln will, sagt eine solche Natur.

Es gibt Menschen, die ihre Berechtigung, sich «Freidenker» zu nennen, davon herleiten, daß sie sich in ihrem Denken und Handeln nicht solchen Gesetzen unterwerfen, die von anderen Menschen herrühren, sondern nur den «ewigen Gesetzen der Vernunft», den «unumstößlichen Pflichtbegriffen» oder dem «Willen Gottes». Nietzsche sieht solche Menschen nicht als wahrhaft *starke* Persönlichkeiten an. Denn auch sie denken und handeln nicht nach ihrer eigenen Natur, sondern nach den *Befehlen* einer höheren Autorität. Ob der Sklave der Willkür seines Herrn, der Religiöse den geoffenbarten Wahrheiten eines Gottes oder der Philosoph den Aussprüchen der Vernunft folgt, das ändert nichts an dem Umstande, daß sie alle *Gehorchende* sind. Was befiehlt, ist dabei gleichgültig; das

* Vom Verfasser hervorgehoben.

ausschlaggebende ist, daß überhaupt *befohlen* wird, daß der Mensch sich nicht selbst die Richtung für sein Tun gibt, sondern der Meinung ist, es gebe eine Macht, welche ihm diese Richtung vorzeichnet.

Der starke, wahrhaft freie Mensch will die Wahrheit nicht *empfangen* – er will sie *schaffen;* er will sich nichts «erlauben» lassen, er will nicht gehorchen. «*Die eigentlichen Philosophen aber sind Befehlende und Gesetzgeber:* sie sagen: ‹so *soll* es sein!›; sie bestimmen erst das Wohin? und Wozu? des Menschen und verfügen dabei über die Vorarbeit aller philosophischen Arbeiter, aller Überwältiger der Vergangenheit, – sie greifen mit schöpferischer Hand nach der Zukunft, und alles, was ist und war, wird ihnen dabei zum Mittel, zum Werkzeug, zum Hammer. Ihr ‹Erkennen› ist *Schaffen,* ihr Schaffen ist eine Gesetzgebung, ihr Wille zur Wahrheit ist – *Wille zur Macht.* – Gibt es heute solche Philosophen? Gab es schon solche Philosophen? *Muß* es nicht solche Philosophen geben?» («Jenseits von Gut und Böse», § 211.)

4

Ein besonderes Zeichen menschlicher Schwäche sieht Nietzsche in jeder Art von Glauben an ein Jenseits, an eine andere Welt, als die ist, in der der Mensch lebt. Man kann, nach seiner Ansicht, dem Leben keinen größeren Schaden tun, als wenn man sein Leben im Diesseits im Hinblick auf ein anderes Leben im Jenseits einrichtet. Man kann sich keiner größeren Verirrung hingeben, als wenn man hinter den Erscheinungen dieser Welt Wesenheiten annimmt, die der menschlichen Erkenntnis unzugänglich sind, und die als der eigentliche Urgrund, als das

Bestimmende alles Daseins gelten sollen. Durch eine solche Annahme verdirbt man sich die Freude an dieser Welt. Man würdigt sie zum Scheine, zu einem bloßen Abglanz eines Unzugänglichen herab. Man erklärt die uns bekannte Welt, die für uns allein wirkliche, für einen nichtigen Traum und schreibt die wahre Wirklichkeit einer erträumten, erdichteten anderen Welt zu. Man erklärt die menschlichen Sinne für Betrüger, die uns Scheinbilder statt Wirklichkeiten liefern.

Nur aus der Schwäche kann eine solche Ansicht stammen. Denn der Starke, der fest in der Wirklichkeit wurzelt, der seine Freude am Leben hat, wird es sich nicht in den Sinn kommen lassen, eine andere Wirklichkeit zu erdichten. Er ist mit dieser Welt beschäftigt und bedarf keiner andern. Aber die Leidenden, die Kranken, die unzufrieden sind mit diesem Leben, nehmen ihre Zuflucht zum Jenseits. Was ihnen das Diesseits entzogen hat, soll ihnen das Jenseits bieten. Der Starke, der Gesunde, der entwickelte und taugliche Sinne hat, um die Gründe dieser Welt in ihr selber aufzusuchen, der bedarf zur Erklärung der Erscheinungen, innerhalb derer er lebt, keiner jenseitigen Gründe und Wesenheiten. Der Schwache, der mit verkrüppelten Augen und Ohren die Wirklichkeit wahrnimmt, der braucht Ursachen hinter den Erscheinungen.

Aus dem Leiden und der kranken Sehnsucht ist der Glaube an das Jenseits geboren. Aus dem Unvermögen, die wirkliche Welt zu durchschauen, sind alle Annahmen von «Dingen an sich» erwachsen.

Alle, welche Grund haben, das *wirkliche* Leben zu verneinen, sagen *Ja* zu einem *erdichteten*. Nietzsche will ein

Jasager gegenüber der Wirklichkeit sein. Diese Welt will er durchforschen nach allen Richtungen, er will sich einbohren in die Tiefen des Daseins; von einem andern Leben will er nichts wissen. *Ihn* kann selbst das Leiden nicht veranlassen, Nein zum Leben zu sagen; denn auch das Leiden ist ihm ein Mittel der Erkenntnis. «Nicht anders, als es ein Reisender macht, der sich vorsetzt, zu einer bestimmten Stunde aufzuwachen, und sich dann ruhig dem Schlafe überläßt: so ergeben wir Philosophen, gesetzt, daß wir krank werden, uns zeitweilig mit Leib und Seele der Krankheit – wir machen gleichsam vor uns die Augen zu. Und wie jener weiß, daß irgend etwas *nicht* schläft, irgend etwas die Stunden abzählt und ihn aufwecken wird, so wissen auch wir, daß der entscheidende Augenblick uns wach finden wird, – daß dann etwas hervorspringt und den Geist *auf der Tat* ertappt, ich meine auf der Schwäche oder Umkehr oder Ergebung oder Verhärtung oder Verdüsterung, und wie alle die krankhaften Zustände des Geistes heißen, welche in gesunden Tagen den *Stolz* des Geistes wider sich haben ... Man lernt nach einer derartigen Selbst-Befragung, Selbst-Versuchung, mit einem feineren Auge nach allem, worüber überhaupt bisher philosophiert worden ist, hinsehn ...» (Vorrede zur zweiten Ausgabe der «Fröhlichen Wissenschaft».)

5

Dieser lebens- und wirklichkeitsfreundliche Sinn Nietzsches zeigt sich auch in seinen Anschauungen über die Menschen und ihre gegenseitigen Beziehungen. Auf diesem Gebiete ist Nietzsche vollkommener Individualist. Jeder Mensch gilt ihm als eine Welt für sich, ein Unikum. Das wunderlich bunte Mancherlei, das zum «Einerlei» vereinigt ist und uns als ein bestimmter Mensch entgegentritt, kann kein noch so seltsamer Zufall ein zweites Mal in gleicher Weise zusammenschütteln. («Schopenhauer als Erzieher», 1.) Die wenigsten Menschen sind jedoch geneigt, ihre nur einmal vorhandenen Eigentümlichkeiten zu entfalten. Sie fürchten sich vor der Einsamkeit, in die sie dadurch gedrängt werden. Es ist bequemer und gefahrloser, in gleicher Weise wie die Mitmenschen zu leben; man findet dann immer Gesellschaft. Wer auf seine eigene Art sich einrichtet, wird von anderen nicht verstanden und findet keine Genossen. Für Nietzsche hat die Einsamkeit einen besonderen Reiz. Er liebt es, die Heimlichkeiten des eigenen Innern aufzusuchen. Er flieht die Gemeinschaft der Menschen. Seine Gedankengänge sind zumeist Bohrversuche nach Schätzen, die tief in seiner Persönlichkeit verborgen liegen. Das Licht, das andere ihm bieten, verschmäht er; die Luft, die man da atmet, wo das «Gemeinsame der Menschen», die «Regel Mensch» lebt, will er nicht mitatmen. Er trachtet instinktiv nach seiner «Burg und Heimlichkeit, wo er von der Menge, den vielen, den allermeisten *erlöst* ist». («Jenseits von Gut und Böse», § 26.) In seiner «Fröhlichen Wissenschaft» klagt er, daß es ihm schwer ist, seine Mitmenschen zu «verdauen»; und in «Jenseits von Gut und Böse» (§ 282) verrät er, daß er zumeist gefährliche Verdauungsstörungen davontrug, wenn er sich an Tische setzte, an denen die Kost des «Allgemein-Menschlichen» genossen wurde. Die Menschen dürfen Nietzsche nicht zu nahe kommen, wenn er sie ertragen soll.

6

Nietzsche erklärt einen Gedanken, ein Urteil in derjenigen Form für gültig, zu der die freiwaltenden Lebensinstinkte ihre Zustimmung geben. Ansichten, für die das Leben sich entscheidet, läßt er sich durch keine logischen Zweifel nehmen. Dadurch erhält sein Denken einen sichern, freien Zug. Es wird nicht beirrt durch Bedenken wie: ob eine Behauptung auch «objektiv» wahr ist, ob sie die Grenzen des menschlichen Erkenntnisvermögens nicht überschreitet und so weiter. Wenn Nietzsche den Wert eines Urteiles für das *Leben* erkannt hat, dann fragt er nicht mehr nach einer weiteren «objektiven» Bedeutung und Gültigkeit desselben. Und wegen Grenzen des Erkennens macht er sich keine Sorgen. Er ist der Ansicht, daß ein gesundes Denken das schafft, was es schaffen kann, und sich nicht mit der nutzlosen Frage abquält: was kann ich *nicht?*

Wer den Wert eines Urteils nach dem Grade bestimmen will, in dem es das Leben fördert, kann diesen Grad natürlich nur durch seine eigenen, persönlichen Lebenstriebe und Lebensinstinkte festsetzen. Er kann nie mehr sagen wollen, als: in bezug auf meine Lebensinstinkte halte ich dieses bestimmte Urteil für ein wertvolles. Und Nietzsche will auch nie etwas anderes sagen, wenn er eine Ansicht ausspricht. Gerade dieses sein Verhältnis zu seiner Gedankenwelt wirkt so wohltuend auf den freiheitlich gesinnten Leser. Es gibt Nietzsches Schriften den Charakter anspruchsloser, bescheidener Vornehmheit. Wie abstoßend und unbescheiden klingt es daneben, wenn andere Denker glauben, ihre Person sei das Organ, durch das der Welt ewige, unumstößliche Wahrheiten verkündet werden. Man kann in Nietzsches Werken Sätze finden, die ein starkes Selbstbewußtsein ausdrücken, zum Beispiel: «Ich habe der Menschheit das tiefste Buch gegeben, das sie besitzt, meinen *Zarathustra:* ich gebe ihr über kurzem das unabhängigste.» – («Götzen-Dämmerung», «Streifzüge eines Unzeitgemäßen», § 51.) Was besagt dies aber aus seinem Munde? Ich habe es gewagt, ein Buch zu schreiben, dessen Inhalt tiefer aus dem Wesen einer Persönlichkeit geholt ist, als das sonst bei ähnlichen Büchern der Fall ist; und ich werde ein Buch liefern, das unabhängiger von jedem fremden Urteil ist, als andere philosophische Schriften; denn ich werde über die wichtigsten Dinge bloß aussprechen, wie sich meine persönlichen Instinkte zu ihnen verhalten. Das ist vornehme Bescheidenheit. Sie geht freilich denen wider den Geschmack, deren verlogene Demut sagt: ich bin nichts, mein Werk ist alles; ich bringe nichts von persönlichem Empfinden in meine Bücher, sondern ich spreche bloß aus, was die reine Vernunft mich aussprechen heißt. Solche Menschen wollen ihre Person verleugnen, um behaupten zu können, daß ihre Aussprüche die eines höheren Geistes sind. Nietzsche hält seine Gedanken für Erzeugnisse seiner Person und für nicht mehr.

7

Die Fachphilosophen mögen über Nietzsche lächeln oder ihre Meinungen über die «Gefahren» seiner «Weltanschauung» zum besten geben. Manche dieser Geister, die nichts sind als personifizierte Lehrbücher der Logik, können natürlich Nietzsches aus den mächtigsten, unmittelbarsten Lebensimpulsen entspringendes Schaffen nicht loben.

Nietzsche mit seinen kühnen Gedankensprüngen trifft jedenfalls auf tiefere Geheimnisse der menschlichen Natur, als mancher logische Denker mit seinem vorsichtigen Kriechen. Was nutzt alle Logik, wenn sie mit ihren Begriffsnetzen nur einen wertlosen Inhalt fängt? Wenn uns wertvolle Gedanken mitgeteilt werden, dann erfreuen wir uns an ihnen, wenn sie auch nicht mit logischen Fäden verknüpft sind. Das Heil des Lebens hängt nicht allein von der Logik ab, sondern auch von der Gedankenerzeugung. Unsere Fachphilosophie ist gegenwärtig unfruchtbar genug, und sie könnte die Belebung mit Gedanken eines mutigen, kühnen Schriftstellers, wie es Nietzsche ist, sehr wohl brauchen. Die Entwickelungskraft dieser Fachphilosophie ist gelähmt durch den Einfluß, den das Kantsche Denken auf sie genommen hat. Sie hat durch diesen Einfluß alle Ursprünglichkeit, allen Mut verloren. *Kant* hat aus der Schulphilosophie seiner Zeit den Begriff von Wahrheiten, die aus der «reinen Vernunft» stammen, übernommen. Er hat zu zeigen versucht, daß wir durch solche Wahrheit nichts wissen können von Dingen, die jenseits unserer Erfahrung liegen, von «Dingen an sich». Seit einem Jahrhundert ist nun unermeßlicher Scharfsinn aufgewendet worden, um diesen Kantschen Gedanken nach allen Seiten durchzudenken. Die Erzeugnisse dieses Scharfsinns sind allerdings oft dürftig und trivial. Übersetzte man die Banalitäten manches philosophischen Buches der Gegenwart aus den Schulformeln in eine gesunde Sprache, so würde sich ein solcher Inhalt gegenüber manchem kurzen Aphorismus Nietzsches armselig genug ausnehmen. Dieser konnte im Hinblick auf die Philosophie der Gegenwart mit einem gewissen Recht den stolzen Satz aussprechen: «Mein

Ehrgeiz ist, in zehn Sätzen zu sagen, was jeder andere in einem Buche sagt – was jeder andere in einem Buche *nicht* sagt ...»

8

Wie Nietzsche in seinen eigenen Meinungen nichts geben will als ein Erzeugnis seiner persönlichen Instinkte und Triebe, so sind ihm auch fremde Ansichten nichts weiter als Symptome, aus denen er auf die in einzelnen Menschen oder ganzen Völkern, Rassen und so weiter vorwaltenden Instinkte schließt. Er macht sich nichts mit Diskussionen oder Widerlegungen fremder Meinungen zu schaffen. Aber er sucht die Instinkte auf, die sich in diesen Meinungen aussprechen. Er sucht die Charaktere der Persönlichkeiten oder Völker aus ihren Ansichten zu erkennen. Ob eine Ansicht auf das Vorwalten der Instinkte für Gesundheit, Tapferkeit, Vornehmheit, Lebensfreude hinweist, oder ob sie aus ungesunden, sklavischen, müden, lebensfeindlichen Instinkten entspringt, das interessiert ihn. Wahrheiten an sich sind ihm gleichgültig; er kümmert sich darum, wie die Menschen ihre Wahrheiten ihren Instinkten gemäß ausbilden, und wie sie damit ihre Lebensziele fördern. Die natürlichen Ursachen der menschlichen Ansichten will er aufsuchen.

Nach dem Sinne jener Idealisten, die der Wahrheit einen selbständigen Wert zuerkennen, die ihr einen «reinen, höheren Ursprung» als den aus den Instinkten geben wollen, ist Nietzsches Bestreben allerdings nicht. Er erklärt die menschlichen Ansichten als das Ergebnis natürlicher Kräfte, wie der Naturforscher die Einrichtung des Auges aus dem Zusammenwirken natürlicher Ursachen erklärt. Eine Erklärung der geistigen Entwickelung der Menschheit aus besonderen sittlichen Zwecken, Idealen, aus einer sittlichen Weltordnung erkennt er ebensowenig an, wie der Naturforscher der Gegenwart die Erklärung anerkennt, daß die Natur das Auge deswegen in einer bestimmten Weise gebaut hat, weil sie den *Zweck* hatte, dem Organismus ein Organ zum Sehen anzuerschaffen. In jedem Ideal sieht Nietzsche nur den Ausdruck für einen Instinkt, der sich auf eine bestimmte Art seine Befriedigung sucht, wie der moderne Naturforscher in der zweckmäßigen Einrichtung eines Organes das Ergebnis organischer Bildungsgesetze sieht. Wenn es gegenwärtig noch Naturforscher und Philosophen gibt, die jedes Schaffen der Natur nach Zwecken ablehnen, aber vor dem sittlichen Idealismus halt machen und in der Geschichte die Verwirklichung eines göttlichen Willens, einer idealen Ordnung der Dinge sehen, so ist dies eine Instinkthalbheit. Solchen Personen fehlt für die Beurteilung geistiger Vorgänge der richtige Blick, während sie ihn in der Beobachtung von Naturvorgängen zeigen. Wenn ein Mensch glaubt, er strebe ein Ideal an, das nicht aus der Wirklichkeit stammt, so glaubt er dies nur, weil er den Instinkt nicht kennt, aus dem dieses Ideal entsteht.

Nietzsche ist Anti-Idealist in dem Sinne, wie der moderne Naturforscher Gegner der Annahme von Zwecken ist, die die Natur verwirklichen soll. Er spricht ebensowenig von sittlichen Zwecken, wie der Naturforscher von Naturzwecken spricht. Nietzsche hält es nicht für weiser, zu sagen: der Mensch soll ein sittliches Ideal verwirklichen, wie zu erklären: der Stier hat Hörner, damit er stoßen könne. Er betrachtet den einen wie den andern Ausspruch als Produkt einer Welterklärung, welche von «göttlicher Vorsehung», «weiser Allmacht», statt von natürlichen Wirkungen spricht.

Diese Welterklärung ist ein Hemmschuh für alles gesunde Denken; sie schafft einen erdichteten, idealen Nebel, der das natürliche, auf die Beobachtung der Wirklichkeit gerichtete Sehvermögen hindert, die Weltvorgänge zu durchschauen; sie stumpft endlich völlig allen Wirklichkeitssinn ab.

9

Wenn Nietzsche sich in einen geistigen Kampf einläßt, so will er nicht fremde Meinungen als solche widerlegen, sondern er tut es, weil diese Meinungen auf schädliche, naturwidrige Instinkte hinweisen, die er bekämpfen will. Er hat dabei eine ähnliche Absicht, wie sie jemand hat, der eine schädliche Naturwirkung bekämpft oder ein gefährliches Naturwesen vertilgt. Er baut nicht auf die «überzeugende» Kraft der Wahrheit, sondern darauf, daß er den Gegner besiegen wird, wenn dieser die ungesunden, schädlichen Instinkte, er aber die gesunden, lebenfördernden hat. Er sucht nach keiner weiteren Rechtfertigung eines solchen Kampfes, wenn seine Instinkte die des Gegners als schädlich empfinden. Er glaubt nicht als Vertreter irgend einer Idee kämpfen zu müssen, sondern er kämpft, weil ihn seine Instinkte dazu treiben. Zwar ist das bei keinem geistigen Kampfe anders, aber gewöhnlich sind sich die Kämpfer der wirklichen Triebfedern ebensowenig bewußt, wie die Philosophen sich ihres «Willens zur Macht» oder die Anhänger der sittlichen Weltordnung der natürlichen Ursachen ihrer sittlichen Ideale. Sie glauben, daß lediglich Meinung gegen Meinung kämpft, und verhüllen ihre wirklichen Motive durch Begriffsmäntel. Sie nennen auch die

Instinkte des Gegners nicht, die ihnen unsympathisch sind, ja diese kommen ihnen vielleicht gar nicht zum Bewußtsein. Kurz, die Kräfte, die eigentlich feindlich gegen einander gerichtet sind, treten gar nicht offen hervor. Nietzsche nennt rücksichtslos die Instinkte des Gegners, die ihm zuwider sind, und er nennt auch die Instinkte, die *er* ihnen entgegensetzt. Wer dies *Zynismus* nennen will, der mag es tun. Er soll aber nur nicht übersehen, daß es in aller menschlichen Tätigkeit niemals etwas anderes als solchen Zynismus gegeben hat, und daß alle idealistischen Wahngewebe von diesem Zynismus gewebt sind.

II. DER ÜBERMENSCH

10

Alles Streben des Menschen besteht, wie das eines jeden Lebewesens, darin, von der Natur eingepflanzte Triebe und Instinkte in der besten Weise zu befriedigen. Wenn die Menschen nach Tugend, Gerechtigkeit, Erkenntnis und Kunst streben, so geschieht dies deshalb, weil Tugend, Gerechtigkeit und so weiter Mittel sind, durch die die menschlichen Instinkte sich so entwickeln können, wie es deren Natur entsprechend ist. Die Instinkte würden ohne diese Mittel verkümmern. Es ist nun eine Eigentümlichkeit des Menschen, daß er diesen Zusammenhang seiner Lebensbedingungen mit seinen natürlichen Trieben *vergißt* und jene Mittel zu einem naturgemäßen, machtvollen Leben als etwas ansieht, das *an sich* einen unbedingten Wert hat. Der Mensch sagt dann: Tugend, Gerechtigkeit, Erkenntnis und so weiter müssen um ihrer selbst willen erstrebt werden. Sie haben nicht dadurch einen Wert, daß sie dem Leben dienen, sondern vielmehr das Leben erhalte erst einen Wert dadurch, daß es nach jenen idealen Gütern strebt. Der Mensch sei nicht dazu da, nach Maßgabe seiner Instinkte zu leben, wie das Tier; sondern er solle seine Instinkte dadurch adeln, daß er sie in den Dienst höherer Zwecke stelle. Auf diese Weise kommt der Mensch dazu, das, was er selbst erst zur Befriedigung seiner Triebe geschaffen hat, als Ideale anzubeten, die seinem Leben erst die rechte Weihe geben. Er fordert *Unterwerfung* unter die Ideale, die er höher schätzt, als sich selbst. Er löst sich los von dem Mutterboden der Wirklichkeit und will seinem Dasein einen höheren Sinn und Zweck geben. Er erfindet einen unnatürlichen Ursprung für seine Ideale. Er nennt sie den «Willen Gottes», die «ewigen sittlichen Gebote». Er will die «Wahrheit um der Wahrheit willen», «die Tugend um der Tugend willen» anstreben. Er betrachtet sich als einen guten Menschen erst dann, wenn es ihm angeblich gelungen ist, seine Selbstsucht, das heißt seine natürlichen Instinkte zu bändigen und *selbstlos* einem idealen Ziele zu folgen. Einem solchen Idealisten gilt *der* Mensch als unedel und «böse», der es bis zu solcher Selbstüberwindung nicht gebracht hat.

Nun stammen ursprünglich alle Ideale aus natürlichen Instinkten. Auch was der Christ als Tugend ansieht, die ihm Gott geoffenbart hat, ist ursprünglich von Menschen erfunden, um irgendwelche Instinkte zu befriedigen. Der natürliche Ursprung ist vergessen und der göttliche hinzugedichtet worden. Ähnlich verhält es sich mit den Tugenden, die die Philosophen und Moralprediger aufstellen.

Wenn die Menschen bloß *gesunde* Instinkte hätten und diesen gemäß ihre Ideale bestimmten, so würde der theoretische Irrtum über den Ursprung dieser Ideale nicht schaden. Die Idealisten hätten zwar falsche Ansichten über die Herkunft ihrer Ziele, aber diese Ziele selbst wären gesund, und das Leben müßte gedeihen. Aber es gibt ungesunde Instinkte, die nicht auf Stärkung, Förderung des Lebens, sondern auf dessen Schwächung, Verkümmerung abzielen. Diese bemächtigen sich des genannten theoretischen Irrtums und machen ihn zum praktischen Lebenszwecke. *Sie* verleiten den Menschen, zu sagen: ein vollkommener Mensch ist nicht derjenige, der sich selbst, seinem Leben dienen will, sondern derjenige, der sich der Verwirklichung eines Ideals hingibt. Unter dem Einfluß dieser Instinkte bleibt der Mensch nicht bloß dabei stehen, irrtümlich seinen Zielen einen un- oder übernatürlichen Ursprung anzudichten, sondern er macht sich wirklich solche Ideale zurecht oder übernimmt sie von anderen, die *nicht* den Bedürfnissen des Lebens dienen. Er strebt nicht mehr darnach, die in seiner Persönlichkeit liegenden Kräfte ans Tageslicht zu ziehen, sondern er lebt nach einem seiner Natur aufgezwungenen Musterbilde. *Ob* er dieses Ziel einer Religion entnimmt, oder ob er es selbst auf Grund gewisser, *nicht* in seiner Natur liegenden Voraussetzungen bestimmt: darauf kommt es nicht an. Der Philosoph, der einen allgemeinen Zweck der Menschheit im Auge hat und aus diesem seine sittlichen Ideale ableitet, legt der menschlichen Natur ebenso Fesseln an, wie der Religionsstifter, der den Menschen sagt: dies ist das Ziel, das euch Gott gesetzt hat; und dem müßt ihr folgen. Es ist auch gleichgültig, ob der Mensch sich vorsetzt, ein Ebenbild Gottes zu werden, oder ob er ein Ideal des «vollkommenen Menschen» erfindet und diesem möglichst ähnlich werden will. Wirklich ist nur der *einzelne* Mensch und die Triebe und Instinkte dieses einzelnen Menschen. Nur wenn er auf die Bedürfnisse seiner eigenen Person sein Augenmerk richtet, kann der Mensch erfahren, was seinem Leben frommt. Der einzelne Mensch wird nicht «vollkommen», wenn er sich verleugnet und einem Vorbilde ähnlich wird, sondern wenn er das verwirklicht, was in ihm zur Verwirklichung drängt. Die menschliche Tätigkeit erhält nicht erst einen Sinn, wenn sie einem unpersönlichen, äußeren Zwecke dient; sie hat ihren Sinn in sich selbst.

Der Anti-Idealist wird zwar auch in der ungesunden Abkehr des Menschen von seinen ureigenen Instinkten noch eine Instinktäußerung erblicken. Er weiß, daß der Mensch selbst das Instinktwidrige nur aus Instinkt vollbringen kann. Er wird aber doch die Instinktwidrigkeit bekämpfen, wie der Arzt eine Krankheit bekämpft, trotzdem er weiß, daß sie naturgemäß aus bestimmten Ursachen entstanden ist. Es darf also dem Anti-Idealisten nicht der Einwurf gemacht werden: du behauptest, alles, was der Mensch erstrebt, also auch alle Ideale, seien naturgemäß entstanden; dennoch bekämpfst du den Idealismus. Gewiß entstehen Ideale ebenso naturgemäß wie Krankheiten; aber der Gesunde bekämpft den Idealismus, wie er die Krankheit bekämpft. Der Idealist aber sieht die Ideale als etwas an, das gehegt und gepflegt werden muß.

Der Glaube, daß der Mensch vollkommen erst wird, wenn er «höheren» Zwecken dient, ist, nach Nietzsches Meinung, etwas, das *überwunden* werden muß. Der Mensch muß sich auf sich selbst besinnen und erkennen, daß er Ideale nur erschaffen hat, um *sich* zu dienen. Naturgemäß leben, ist gesünder, als Idealen nachjagen, die angeblich nicht aus der Wirklichkeit stammen. Den Menschen, der nicht unpersönlichen Zielen dient, sondern der den Zweck und Sinn seines Daseins in sich selbst sucht, der solche Tugenden zu den seinigen macht, die seiner Kraftentfaltung, seiner Machtvollkommenheit dienen – diesen Menschen stellt Nietzsche höher als den selbstlosen Idealisten.

Dies ist es, was er durch seinen «Zarathustra» verkündet. Das souveräne Individuum, das weiß, daß es nur aus seiner Natur heraus leben kann, und das in einer seinem Wesen entsprechenden Lebensgestaltung sein persönliches Ziel sieht, ist für Nietzsche der *Übermensch*, im Gegensatz zu dem Menschen, der glaubt: ihm sei das Leben geschenkt, um einem außer ihm selbst liegenden Zwecke zu dienen.

Den *Übermenschen*, das heißt den Menschen, der naturgemäß zu leben versteht, lehrt Zarathustra. Er lehrt die Menschen, ihre Tugenden als ihre Geschöpfe betrachten; er heißt sie diejenigen verachten, die ihre Tugenden höher als sich selbst achten.

Zarathustra ist in die Einsamkeit gegangen, um sich frei zu machen von der Demut, in der sich die Menschen beugen vor ihren Tugenden. Er geht erst wieder unter Menschen, als er *die* Tugenden verachten gelernt hat, die das Leben bändigen und nicht dem Leben dienen wollen. Er bewegt sich nun leicht wie ein Tänzer, denn er folgt nur sich und seinem Willen und achtet nicht auf die Linien, die ihm von den Tugenden vorgezeichnet werden. Nicht schwer mehr lastet der Glaube auf seinem Rücken, daß es unrecht sei, nur sich selbst zu folgen. Zarathustra schläft nun nicht mehr, um von Idealen zu träumen; er ist ein Wachender, der der Wirklichkeit sich frei gegenüberstellt. Ein schmutziger Strom ist ihm der Mensch, der sich selbst verloren hat und vor seinen eigenen Geschöpfen im Staube liegt. Der Übermensch ist ihm ein Meer, das diesen Strom aufnimmt, ohne selbst unrein zu werden. Denn der Übermensch hat sich selbst gefunden; er erkennt *sich* als Herrn und Schöpfer seiner Tugenden. Zarathustra hat das Große erlebt, daß ihm alle Tugend zum Ekel geworden ist, die *über* den Menschen gesetzt wird.

«Was ist das Größte, das ihr erleben könnt? Das ist die Stunde der großen Verachtung. Die Stunde, in der euch auch euer Glück zum Ekel wird und ebenso eure Vernunft und eure Tugend.»

11

Die Weisheit Zarathustras ist nicht nach dem Sinne der «modernen Gebildeten». Sie möchten alle Menschen einander gleich machen. Wenn alle nur nach *einem* Ziele streben, sagen sie, dann ist Zufriedenheit und Glück auf Erden. Der Mensch soll zurückhalten, so fordern sie, seine besonderen persönlichen Wünsche und nur der Allgemeinheit, dem gemeinsamen Glücke dienen. Friede und Ruhe wird dann auf der Erde herrschen. Wenn jeder die gleichen Bedürfnisse hat, dann stört keiner die Kreise des andern. Nicht sich und seine individuellen Ziele soll der Einzelne im Auge haben, sondern nach der einmal bestimmten Schablone sollen alle leben. Verschwinden soll alles einzelne Leben, und Glieder der gemeinsamen Weltordnung sollen alle werden.

«Kein Hirt und Eine Herde! Jeder will das gleiche, jeder ist gleich: wer anders fühlt, geht freiwillig ins Irrenhaus.

‹Ehemals war alle Welt irre› – sagen die Feinsten und blinzeln.

Man ist klug und weiß alles, was geschehn ist: so hat man kein Ende zu spotten. Man zankt sich noch, aber man versöhnt sich bald; sonst verdirbt es den Magen.»

Zarathustra ist zu lange Einsiedler gewesen, um solcher Weisheit zu huldigen. Er hat die eigenartigen Töne gehört, die aus dem Innern der Persönlichkeit erklingen, wenn der Mensch abseits steht von dem Lärm des Marktes, wo einer nur die Worte des andern nachspricht. Und er möchte es den Menschen in die Ohren rufen: höret auf die Stimmen, die nur in jedem Einzelnen von euch erklingen. Denn die nur sind naturgemäß, die nur sagen jedem, was er vermag.

Ein Feind des Lebens, des reichen, vollen Lebens, ist derjenige, welcher diese Stimmen ungehört verhallen läßt und auf das gemeinsame Geschrei der Menschen hört. Zu den Freunden der Gleichheit aller Menschen will Zarathustra nicht sprechen. Sie könnten ihn nur mißverstehen. Denn sie würden glauben, daß sein Übermensch jenes ideale Musterbild sei, dem alle gleich werden sollen. Aber Zarathustra will den Menschen keine Vorschriften darüber machen, wie sie sein sollen; er will nur jeden Einzelnen auf sich selbst verweisen und ihm sagen: überlasse dich dir selbst, folge nur dir allein, stelle *dich* über Tugend, Weisheit und Erkenntnis. Zu solchen, die *sich* suchen wollen, spricht Zarathustra; nicht einer Menge, die ein gemeinsames Ziel sucht, sondern solchen Gefährten gelten seine Worte, die gleich ihm einen eigenen Weg gehen. Sie allein verstehen ihn, denn sie wissen, daß er nicht sagen will: seht, dies ist der Übermensch, werdet wie er, sondern: seht, ich habe *mich* gesucht; so bin ich, wie ich es euch lehre; geht hin und sucht euch ebenso, dann habt ihr den Übermenschen.

«Den Einsiedlern werde ich mein Lied singen und den Zweisiedlern; und wer noch Ohren hat für Unerhörtes, dem will ich sein Herz schwer machen mit meinem Glücke.»

12

Zwei Tiere: die Schlange, als das klügste, und der Adler, als das stolzeste Tier, begleiten Zarathustra. Sie sind die Symbole seiner Instinkte. Klugheit schätzt Zarathustra, denn sie lehrt den Menschen, die verschlungenen Pfade der Wirklichkeit finden; sie lehrt ihn kennen, was er zum Leben braucht. Und auch den Stolz liebt Zarathustra, denn der Stolz bringt die Selbstachtung des Menschen hervor, durch die dieser dazu kommt, sich selbst als den Sinn und Zweck seines Daseins zu betrachten. Der Stolze stellt seine Weisheit, seine Tugend nicht über sich selbst. Der Stolz bewahrt den Menschen davor, sich selbst zu vergessen über «höheren, heiligeren» Zielen. Lieber noch als den Stolz möchte Zarathustra die Klugheit verlieren. Denn die Klugheit, die nicht von Stolz begleitet ist, sieht sich nicht als Menschenwerk an. Wem der Stolz und die Selbstachtung fehlt, der glaubt, seine Klugheit sei ihm vom Himmel geschenkt. Ein solcher sagt: ein Tor ist der Mensch, und er hat nur so viel Weisheit, als ihm der Himmel schenken will.

«Und wenn mich einst meine Klugheit verläßt: – ach, sie liebt es, davonzufliegen! – möge mein Stolz dann noch mit meiner Torheit fliegen!»

13

Drei Verwandlungen muß der menschliche Geist durchmachen, bis er sich selbst gefunden hat. Dies lehrt Zarathustra. Ehrfürchtig ist der Geist zuerst. Er nennt Tugend, was auf ihm lastet. Er erniedrigt sich, um seine Tugend zu erhöhen. Er sagt: alle Weisheit ist bei Gott, und Gottes Wegen muß ich folgen. Gott legt mir das Schwerste auf, um meine Kraft zu prüfen, ob sie auch stark sei und geduldig ausharre. Nur der Geduldige ist stark. Gehorchen will ich, sagt der Geist auf dieser Stufe, und ausführen die Gebote des Weltengeistes, ohne zu fragen, was der Sinn dieser Gebote ist. Der Geist fühlt den Druck, den eine höhere Macht auf ihn ausübt. Nicht *seine* Wege geht der Geist, sondern die Wege dessen, dem er dient.

Es kommt die Zeit, wo der Geist inne wird, daß kein Gott zu ihm redet. Dann will er frei sein und Herr in seiner eigenen Welt. Er sucht nach einer Richtschnur für seine Geschicke. Er frägt nicht mehr den Weltengeist, wie er sein Leben einrichten solle. Aber nach einem festen Gesetz, nach einem heiligen «du sollst» strebt er. Er sucht nach einem Maßstab, um den Wert der Dinge zu messen; er sucht nach einem Unterscheidungszeichen von Gut und Böse. Es muß eine Regel für mein Leben geben, die nicht von mir, von meinem Willen abhängt, so spricht der Geist auf dieser Stufe. Dieser Regel will ich mich fügen. Frei bin ich, meint der Geist, aber nur frei, um einer solchen Regel zu gehorchen.

Auch diese Stufe überwindet der Geist. Er wird wie das Kind, das bei seinem Spielen nicht fragt: wie *soll* ich dies oder jenes machen, sondern das nur seinen Willen ausführt, das nur sich selbst folgt. «*Seinen* Willen will nun der Geist, *seine* Welt gewinnt sich der Weltverlorene.

Drei Verwandlungen nannte ich euch des Geistes: wie der Geist zum Kamele ward, und zum Löwen das Kamel, und der Löwe zuletzt zum Kinde. – Also sprach Zarathustra.»

14

Was wollen die Weisen, die die Tugend über den Menschen stellen? fragt Zarathustra. Sie sagen: die Ruhe der Seele kann nur haben, wer seine Pflicht getan hat, wer dem heiligen «du sollst» gefolgt ist. Tugendhaft soll der Mensch sein, damit er nach getaner Pflicht träumen könne von erfüllten Idealen und keine Gewissensbisse fühle. Ein Mensch mit Gewissensbissen gleicht, sagen die Tugendhaften, einem Schlafenden, dem böse Träume die Nachtruhe stören.

«Wenige wissen das: aber man muß alle Tugenden haben, um gut zu schlafen. Werde ich falsch Zeugnis reden? Werde ich ehebrechen?

Werde ich mich gelüsten lassen meines Nächsten Magd? Das alles vertrüge sich schlecht mit gutem Schlafe ...

Friede mit Gott und dem Nachbar: so will es der gute Schlaf. Und Friede auch noch mit des Nachbars Teufel! Sonst geht er bei dir des Nachts um.»

Nicht was sein Trieb ihn heißt, tut der Tugendhafte, sondern was Seelenruhe bewirkt. Er lebt, um in Ruhe über das Leben träumen zu können. Noch lieber ist es ihm, wenn den Schlaf, den er Seelenruhe nennt, gar kein Traum stört. Das heißt: dem Tugendhaften ist es am liebsten, wenn er irgendwoher die Regeln seines Handelns erhält und im übrigen seine Ruhe genießen kann. «Seine Weisheit heißt: wachen, um gut zu schlafen. Und wahrlich, hätte das Leben keinen Sinn, und müßte ich Unsinn wählen, so wäre auch mir dies der wählenswürdigste Unsinn», spricht Zarathustra.

Auch für Zarathustra gab es eine Zeit, da er glaubte, ein außerhalb der Welt wohnender Geist, ein Gott, habe die Welt geschaffen. Einen unzufriedenen, leidenden Gott dachte sich Zarathustra. Um sich eine Befriedigung zu verschaffen, um von seinem Leiden loszukommen, habe Gott die Welt erschaffen, meinte einst Zarathustra. Aber er hat einsehen gelernt, daß es ein Wahnbild war, das er sich selbst geschaffen hatte. «Ach, ihr Brüder, dieser Gott, den ich schuf, war Menschen-Werk und -Wahnsinn gleich allen Göttern!» Zarathustra hat seine Sinne gebrauchen und die Welt betrachten gelernt. Und zufrieden wurde er mit der Welt; nicht mehr schweiften seine Gedanken ins

Jenseits. Blind war er ehemals und konnte die Welt nicht sehen, deshalb suchte er sein Heil außerhalb der Welt. Aber Zarathustra hat *sehen* gelernt und erkennen, daß die Welt in sich selbst ihren Sinn habe.

«Einen neuen Stolz lehrte mich mein Ich, den lehre ich die Menschen: nicht mehr den Kopf in den Sand der himmlischen Dinge zu stecken, sondern frei ihn zu tragen, einen Erden-Kopf, der der Erde Sinn schafft!»

15

In Leib und Seele haben die Idealisten den Menschen gespalten, in Idee und Wirklichkeit haben sie alles Dasein geteilt. Und sie haben die Seele, den Geist, die Idee zu einem besonders Wertvollen gemacht, um die Wirklichkeit, den Leib umsomehr verachten zu können. Zarathustra aber sagt: Nur *eine* Wirklichkeit, nur einen Leib gibt es, und die Seele ist nur etwas am Leibe, die Idee nur etwas an der Wirklichkeit. *Eine Einheit* sind Leib und Seele des Menschen; aus *einer* Wurzel entspringen Körper und Geist. Der Geist ist nur da, weil ein Körper da ist, der Kräfte hat, an sich den Geist zu entwickeln. Wie die Pflanze an sich die Blüte, so entfaltet der Körper an sich den Geist.

«Hinter deinen Gedanken und Gefühlen, mein Bruder, steht ein mächtiger Gebieter, ein unbekannter Weiser – der heißt Selbst. In deinem Leibe wohnt er, dein Leib ist er.»

Wer einen Sinn hat für das Wirkliche, der sucht den Geist, die Seele in und an dem Wirklichen, er sucht die Vernunft in dem Wirklichen; nur wer die Wirklichkeit für geistlos, für «bloß natürlich», für «roh» hält, der gibt dem

Geiste, der Seele ein besonderes Dasein. Er macht die Wirklichkeit zur bloßen Wohnung des Geistes. Einem solchen fehlt aber auch der Sinn für die Wahrnehmung des Geistes selbst. Nur weil er den Geist in der Wirklichkeit nicht sieht, sucht er ihn anderswo.

«Es ist mehr Vernunft in deinem Leibe, als in deiner besten Weisheit ...

Der Leib ist eine große Vernunft, eine Vielheit mit Einem Sinne, ein Krieg und ein Frieden, eine Herde und ein Hirt.

Werkzeug deines Leibes ist auch deine kleine Vernunft, mein Bruder, die du ‹Geist› nennst, ein kleines Werk- und Spielzeug deiner großen Vernunft.»

Ein Tor ist, wer die Blüte von der Pflanze reißt und glaubt, die abgerissene Blüte werde nun sich noch zur Frucht entwickeln. Ein Tor ist ebenso, wer den Geist von der Natur absondert und glaubt, ein solcher abgesonderter Geist könne noch schaffen.

Menschen mit kranken Instinkten haben die Scheidung von Geist und Körper vorgenommen. Ein kranker Instinkt nur kann sagen: mein Reich ist nicht von dieser Welt. Eines gesunden Instinktes Reich ist *nur diese Welt*.

16

Was für Ideale haben sie doch geschaffen, diese Verächter der Wirklichkeit! Fassen wir sie ins Auge, die Ideale der Asketen, die da sagen: wendet ab euren Blick vom Diesseits und schaut nach dem Jenseits! Was bedeuten asketische Ideale? Mit dieser Frage und den Vermutungen, mit denen er sie beantwortet, hat uns Nietzsche am tiefsten hineinblicken lassen in sein von der abendländischen neueren Kultur unbefriedigtes Herz. («Genealogie der Moral», 3. Abhandlung.)

Wenn ein *Künstler*, wie zum Beispiel *Richard Wagner*, in der letzten Zeit seines Schaffens, Anhänger des asketischen Ideales wird, so hat das nicht viel zu bedeuten. Der Künstler steht sein ganzes Leben hindurch *über* seinen Schöpfungen. Er sieht von oben herab auf seine Wirklichkeiten. Er schafft Wirklichkeiten, die nicht *seine* Wirklichkeit sind. «Ein Homer hätte keinen Achill, ein Goethe keinen Faust gedichtet, wenn Homer ein Achill, und wenn Goethe ein Faust gewesen wäre.» («Genealogie», 3. Abhandlung, § 4.) Wenn nun ein solcher Künstler sein eigenes Dasein einmal ernst nimmt, sich selbst und seine persönlichen Ansichten in Wirklichkeit umsetzen will, so ist es kein Wunder, wenn etwas sehr Unreales entsteht. Richard Wagner hat über seine Kunst vollständig umgelernt, als ihm die Philosophie Schopenhauers bekannt wurde. Vorher hielt er die Musik für ein Ausdrucksmittel, das etwas braucht, dem es Ausdruck verschafft, das Drama. In seiner Schrift «Oper und Drama», die 1851 geschrieben ist, spricht er aus, daß der größte Irrtum, dem man sich in bezug auf die Oper hingeben kann, der ist, «*daß ein Mittel des Ausdrucks (die Musik) zum Zwecke, der Zweck des Ausdrucks (das Drama) aber zum Mittel gemacht war.*»

Er bekannte sich zu einer andern Ansicht, nachdem er Schopenhauers Lehre von der Musik kennen gelernt hatte. Schopenhauer ist der Ansicht, daß durch die Musik das Wesen der Dinge selbst zu uns spricht. Der ewige *Wille*, der in allen Dingen lebt, er wird in allen anderen Künsten nur in seinen Abbildern, in den Ideen, verkörpert; die Musik ist kein bloßes Bild des Willens: in ihr gibt sich der

Wille *unmittelbar* kund. Was uns in allen unseren Vorstellungen nur im Abglanz erscheint: der ewige Grund alles Seins, der Wille, ihn glaubt Schopenhauer in den Klängen der Musik unmittelbar zu vernehmen. Kunde aus dem Jenseits bringt für Schopenhauer die Musik. Diese Ansicht wirkte auf Richard Wagner. Nicht mehr als Ausdrucksmittel wirklicher menschlicher Leidenschaften, wie sie im Drama verkörpert sind, ließ er die Musik gelten, sondern als «eine Art Mundstück des ‹An-sich› der Dinge, ein Telephon des Jenseits». Richard Wagner glaubte jetzt nicht mehr die Wirklichkeit in Tönen auszudrücken; «er redete fürderhin nicht nur Musik, dieser Bauchredner Gottes, – er redete Metaphysik: was Wunder, daß er endlich eines Tages *asketische Ideale* redete? ...» («Genealogie», 3. Abhandlung, § 5.)

Hätte Richard Wagner bloß seine Ansicht über die Bedeutung der Musik geändert, so hätte Nietzsche keinen Anlaß, ihm etwas vorzuwerfen. Nietzsche könnte dann höchstens sagen: Wagner hat außer seinen Kunstwerken auch noch allerlei verkehrte Theorien über die Kunst geschaffen. Daß aber Wagner in der letzten Zeit seines Schaffens den Schopenhauerschen Jenseitsglauben auch in seinen Kunstwerken verkörpert hat, daß er seine Musik dazu verwendet hat, die Flucht vor der Wirklichkeit zu verherrlichen: das ging Nietzsche wider den Geschmack.

Aber der «Fall Wagner» besagt nichts, wenn es sich um die Bedeutung der Verherrlichung des Jenseits auf Kosten des Diesseits, wenn es sich um die Bedeutung der asketischen Ideale handelt. Künstler stehen nicht auf eigenen Füßen. Wie Richard Wagner von Schopenhauer abhängig ist, so waren die Künstler «zu allen Zeiten Kammerdiener einer Moral oder Philosophie oder Religion».

Anders ist es, wenn die Philosophen für die Verachtung der Wirklichkeit, für die asketischen Ideale eintreten. Sie tun das aus einem tiefen Instinkte heraus.

Schopenhauer hat diesen Instinkt verraten durch die Beschreibung, die er von dem Schaffen und Genießen eines Kunstwerkes gibt. «Daß also das *Kunstwerk* die Auffassung der Ideen, in welcher der ästhetische Genuß besteht, so sehr erleichtert, beruht nicht bloß darauf, daß die Kunst durch Hervorhebung des Wesentlichen und Aussonderung des Unwesentlichen die Dinge deutlicher und charakteristischer darstellt, sondern ebenso sehr darauf, *daß das zur rein objektiven Auffassung des Wesens der Dinge erforderte gänzliche Schweigen des Willens am sichersten dadurch erreicht wird, daß das angeschaute Objekt selbst gar nicht im Gebiete der Dinge liegt, welche einer Beziehung zum Willen fähig sind**.» («Ergänzungen zum 3. Buch der ‹Welt als Wille und Vorstellung›», Kap. 30.) «Wann aber äußerer Anlaß oder innere Stimmung uns plötzlich aus dem endlosen Strome des Wollens heraushebt, die Erkenntnis dem Sklavendienste des Willens entreißt, die Aufmerksamkeit nun nicht mehr auf die Motive des Wollens gerichtet wird, sondern die Dinge frei von ihrer Beziehung auf den Willen auffaßt, also *ohne Interesse, ohne Subjektivität**, rein objektiv sie betrachtet, ihnen ganz hingegeben, sofern sie bloß Vorstellungen, nicht sofern sie Motive sind: dann ist ... der schmerzenlose Zustand, den Epikuros als das höchste Gut und als den Zustand der Götter pries, eingetreten: denn wir sind für jenen Augenblick des schnöden Willens-

* Vom Verfasser hervorgehoben.

dranges entledigt, wir feiern den Sabbat der Zuchthausarbeit des Wollens, das Rad des Ixion steht still.» («Welt als Wille und Vorstellung», § 38.)

Dies ist eine Beschreibung einer Art des ästhetischen Genusses, die nur bei dem Philosophen vorkommt. Nietzsche stellt ihr gegenüber eine andere Beschreibung, «die ein *wirklicher* Zuschauer und Artist gemacht hat – Stendhal», der das Schöne «une promesse de bonheur» nennt. Schopenhauer möchte alles Willensinteresse, alles wirkliche Leben ausschalten, wenn es sich um die Betrachtung eines Kunstwerkes handelt, und nur mit dem *Geiste* genießen; Stendhal sieht in dem Kunstwerke ein *Versprechen* von *Glück*, also einen Hinweis auf das Leben, und sieht in diesem Zusammenhang der Kunst mit dem Leben den Wert der Kunst.

Kant fordert vom schönen Kunstwerk, daß es *ohne Interesse gefalle*, das heißt daß es uns heraushebe aus dem wirklichen Leben und einen rein geistigen Genuß gewähre.

Was sucht der Philosoph in dem künstlerischen Genuß? *Erlösung* von der Wirklichkeit. In eine Wirklichkeit-fremde Stimmung will der Philosoph durch das Kunstwerk versetzt werden. Er verrät dadurch seinen Grundinstinkt. Der Philosoph fühlt sich in den Augenblicken am wohlsten, in denen er von der Wirklichkeit loskommen kann. Seine Ansicht vom ästhetischen Genuß zeigt, daß er die Wirklichkeit nicht liebt.

Nicht was der dem Leben zugewandte Zuschauer von dem Kunstwerke verlangt, sagen uns die Philosophen in ihren Theorien, sondern nur, was ihnen selbst angemessen ist. Und dem Philosophen ist die Abkehr von dem Leben sehr förderlich. Er will sich seine verschlungenen Gedankenwege nicht durchkreuzen lassen von der Wirklichkeit. Das Denken gedeiht besser, wenn sich der Philosoph von dem Leben abkehrt. Es ist nun kein Wunder, wenn dieser philosophische Grundinstinkt geradezu zu einer lebenfeindlichen Stimmung wird. Wir finden eine solche Stimmung bei der Mehrzahl der Philosophen ausgebildet. Und nahe liegt es, daß der Philosoph seine eigene Antipathie gegen das Leben zu einer *Lehre* ausbildet und fordert, daß sich alle Menschen zu einer solchen Lehre bekennen. Schopenhauer hat dieses getan. Er fand, daß der Lärm der Welt seine Gedankenarbeit störte. Er empfand, daß man über die Wirklichkeit am besten *nachdenken* kann, wenn man dieser Wirklichkeit entflieht. Zugleich vergaß er, daß alles Denken über die Wirklichkeit doch nur dann einen Wert hat, wenn es aus dieser Wirklichkeit entspringt. Er beachtete nicht, daß das Zurückziehen des Philosophen von der Wirklichkeit nur geschehen kann, damit die entfernt von dem Leben entstandenen philosophischen Gedanken dann dem Leben um so besser dienen können. Wenn der Philosoph den Grundinstinkt, der nur ihm als Philosophen förderlich ist, der ganzen Menschheit aufdrängen will, dann wird er zu einem Feinde des Lebens.

Der Philosoph, der die Weltflucht nicht als Mittel betrachtet, um weltfreundliche Gedanken zu schaffen, sondern als Zweck, als Ziel, kann nur Wertloses schaffen. Der wahre Philosoph flieht auf der einen Seite die Wirklichkeit nur, um sich auf der andern um so tiefer in sie einzubohren. Aber es ist begreiflich, daß dieser Grundinstinkt den Philosophen leicht dazu verführen kann, die Weltflucht als solche für wertvoll zu halten. Dann wird der Philosoph zu einem Anwalt der Weltverneinung. Er lehrt Abkehr vom

Leben, asketisches Ideal. Er findet: «Ein gewisser Asketismus ... eine harte und heitere Entsagsamkeit besten Willens gehört zu den günstigen Bedingungen höchster Geistigkeit, insgleichen auch zu deren natürlichsten Folgen: so wird es von vornherein nicht wundernehmen, wenn das asketische Ideal gerade von den Philosophen nie ohne einige Voreingenommenheit behandelt worden ist.» («Genealogie der Moral», 3. Abhandlung, § 9.)

17

Einen andern Ursprung haben die asketischen Ideale der *Priester.* Was bei dem Philosophen durch das Überwuchern eines bei ihm berechtigten Triebes entsteht, das bildet das Grundideal des priesterlichen Wirkens. Der Priester sieht in der Hingabe des Menschen an das wirkliche Leben einen Irrtum; er verlangt, daß man *dieses* Leben gering achte gegenüber einem andern Leben, das von höheren als bloß natürlichen Kräften gelenkt wird. Der Priester leugnet, daß das wirkliche Leben einen Sinn in sich selbst habe, und er fordert, daß ihm dieser Sinn verliehen werde durch Einimpfung eines höheren Willens. Er sieht das Leben in der Zeitlichkeit als unvollkommen an und stellt ihm ein ewiges, vollkommenes Leben gegenüber. Abkehr von der Zeitlichkeit und Einkehr in das Ewige, Unwandelbare lehrt der Priester. Ich möchte als besonders bezeichnend für die priesterliche Denkweise einige Sätze aus dem berühmten Buche «Die deutsche Theologie» anführen, das aus dem 14. Jahrhundert stammt und von dem Luther sagt, daß er aus keinem Buche, die Bibel und den heiligen Augustin ausgenommen, mehr gelernt habe, was Gott, Christus und der Mensch sei, als aus diesem. Auch

Schopenhauer findet, daß der Geist des Christentums in diesem Buche vollkommen und kräftig ausgesprochen ist. Nachdem der Verfasser, der uns unbekannt ist, auseinandergesetzt hat, daß alle Dinge der Welt nur ein Unvollkommenes und Geteiltes seien gegenüber dem Vollkommenen, «das in sich und in seinem Wesen alle Wesen begriffen und beschlossen hat, und ohne das und außer dem kein wahres Wesen ist und in dem alle Dinge ihr Wesen haben», führt er aus, daß der Mensch in dieses Wesen nur eindringen kann, wenn er «Kreatürlichkeit, Geschaffenheit, Ichheit, Selbstheit und dergleichen alles verloren» und in sich zu nichte gemacht hat. Was von dem Vollkommenen ausgeflossen ist und was der Mensch als *seine* wirkliche Welt erkennt, das wird folgendermaßen charakterisiert: «Das ist kein wahres Wesen und hat kein Wesen anders denn in dem Vollkommenen, sondern es ist ein Zufall oder ein Glanz und ein Schein, der kein Wesen ist oder kein Wesen hat anders als in dem Feuer, wo der Glanz ausfließt, oder in der Sonne, oder in einem Lichte. – Die Schrift spricht und der Glaube und die Wahrheit: Sünde sei nichts anders, denn daß sich die Kreatur abkehrt von dem unwandelbaren Gute und kehret sich zu dem wandelbaren, das ist: daß sie sich kehrt von dem Vollkommenen zu dem Geteilten und Unvollkommenen und allermeist zu sich selber. Nun merke. Wenn sich die Kreatur etwas Gutes annimmt, als Wesens, Lebens, Wissens, Erkennens, Vermögens und kürzlich alles dessen, das man gut nennen soll, und meint, *daß sie das sei oder daß es das Ihre sei oder ihr zugehöre oder daß es von ihr sei: so oft und viel das geschieht, so kehrt sie sich ab**. Was tat der Teufel anders

* Vom Verfasser hervorgehoben.

oder was war sein Fall und Abkehren anders, denn daß er sich annahm, *er wäre auch etwas und etwas wäre sein und ihm gehörte auch etwas zu**? Dies Annehmen und sein Ich und sein Mich, sein Mir und sein Mein, das war sein Abkehren und sein Fall. Also ist es noch ... Denn alles das, was man für gut hält oder gut nennen soll, das gehört niemand zu, denn allein dem ewigen wahren Gut, der Gott allein ist, und wer sich dessen annimmt, der tut Unrecht und wider Gott.» (1., 2., 4. Kap. der «Deutsch. Theol.», 3. Aufl., übersetzt von Pfeiffer.)

Diese Sätze sprechen die Gesinnung *jedes* Priesters aus. Sie sprechen den eigentlichen Charakter der Priesterlichkeit aus. Und dieser Charakter ist das Gegenteil desjenigen, den Nietzsche als den höherwertigen, den lebenswürdigen bezeichnet. Der höherwertige Typus Mensch will alles, was er ist, nur durch sich sein; er will, daß alles, was er für gut hält und gut nennt, niemand zugehört, denn ihm selbst.

Aber jene minderwertige Gesinnung ist kein Ausnahmefall. «Sie ist eine der breitesten und längsten Tatsachen, die es gibt. Von einem fernen Gestirn aus gelesen, würde vielleicht die Majuskel-Schrift unsres Erden-Daseins zu dem Schluß verführen, die Erde sei der eigentlich *asketische Stern*, ein Winkel mißvergnügter, hochmütiger und widriger Geschöpfe, die einen tiefen Verdruß an sich, an der Erde, an allem Leben gar nicht los würden.» («Genealogie der Moral», 3. Abhandlung, § 11.) Der asketische Priester ist deshalb eine Notwendigkeit, weil die Mehrzahl der Menschen an einer «Hemmung und Ermüdung» der Lebenskräfte leidet, weil sie an der Wirklichkeit leidet. Der

* Vom Verfasser hervorgehoben.

asketische Priester ist der Tröster und Arzt derjenigen, die am Leben leiden. Er tröstet sie dadurch, daß er ihnen sagt: dieses Leben, an dem ihr leidet, ist nicht das wahre Leben; das wahre Leben ist denjenigen, die an diesem Leben leiden, viel leichter erreichbar als den Gesunden, die an diesem Leben hängen und sich ihm hingeben. Durch solche Aussprüche züchtet der Priester die Verachtung, die Verleumdung dieses wirklichen Lebens. Er bringt endlich die Gesinnung hervor, die sagt: um das wahre Leben zu erreichen, muß dieses wirkliche Leben *verneint* werden. In der Verbreitung dieser Gesinnung sucht der asketische Priester seine Stärke. Er beseitigt durch die Züchtung dieser Gesinnung eine große Gefahr, die den Gesunden, Starken, Selbstbewußten von den Verunglückten, Niedergeworfenen, Zerbrochenen droht. Die letzteren hassen die Gesunden und die leiblich und seelisch Glücklichen, die ihre Kräfte aus der Natur nehmen. Diesen Haß, der sich dadurch äußern müßte, daß die Schwachen gegen die Starken einen fortwährenden Vernichtungskrieg führten, sucht der Priester niederzuhalten. Er stellt deshalb die Starken als diejenigen hin, die ein wertloses, menschenunwürdiges Leben führen und behauptet dagegen, daß das wahre Leben allein denen erreichbar ist, die von dem Erdenleben geschädigt werden. «Der asketische Priester muß uns als der vorherbestimmte Heiland, Hirt und Anwalt der kranken Herde gelten: damit erst verstehen wir seine ungeheure historische Mission. Die *Herrschaft über Leidende* ist sein Reich, auf sie weist ihn sein Instinkt an, in ihr hat er seine eigenste Kunst, seine Meisterschaft, seine Art von Glück.» («Genealogie», 3. Abhandlung, § 15.)

Es ist kein Wunder, wenn eine solche Denkweise endlich dazu führt, daß ihre Anhänger nicht nur das Leben verachten, sondern geradezu auf seine Zerstörung hinarbeiten. Wenn den Menschen gesagt wird, nur der Leidende, der Schwache kann wirklich zu einem höheren Leben kommen, so wird endlich das Leiden, die Schwäche *gesucht* werden. Sich selbst Schmerz zuzufügen, den Willen in sich ganz ertöten, das wird Ziel des Lebens werden. Die Opfer dieser Gesinnung sind die Heiligen. «Völlige Keuschheit und Entsagung aller Wollust für den, welcher eigentliche Heiligkeit anstrebt; Wegwerfung alles Eigentums, Verlassung jedes Wohnortes, aller Angehörigen, tiefe, gänzliche Einsamkeit, zugebracht in stillschweigender Betrachtung, mit freiwilliger Buße und schrecklicher, langsamer Selbstpeinigung, zur gänzlichen Mortifikation des Willens, welche zuletzt bis zum freiwilligen Tode geht durch Hunger, auch durch Entgegengehen den Krokodilen, durch Herabstürzen vom geheiligten Felsengipfel im Himalaya, durch lebendig Begrabenwerden, auch durch Hinwerfung unter die Räder des unter Gesang, Jubel und Tanz der Bajaderen die Götterbilder umherfahrenden ungeheuren Wagens», dies sind die letzten Früchte der asketischen Gesinnung. (Schopenhauer, «Welt als Wille und Vorstellung», § 68.)

Diese Denkweise ist dem Leiden am Leben entsprungen, und sie richtet ihre Waffen gegen das Leben. Wenn der Gesunde, Lebensfrohe von ihr angesteckt wird, dann tilgt sie bei ihm die gesunden, starken Instinkte aus. Nietzsches Werk gipfelt darinnen, dieser Lehre gegenüber etwas anderes geltend zu machen, eine Ansicht für Gesunde, Wohlgeratene. Mögen die Mißratenen, Verdorbenen in der Lehre der asketischen Priester ihr Heil suchen; die Gesunden will Nietzsche um sich sammeln und ihnen eine Meinung sagen, die ihnen besser zu Gesichte steht, als jedes lebensfeindliche Ideal.

18

Auch in den Pflegern der *modernen Wissenschaft* steckt noch das asketische Ideal. Zwar rühmt sich diese Wissenschaft, alle alten Glaubensvorstellungen über Bord geworfen zu haben und sich nur an die Wirklichkeit zu halten. Sie will nichts gelten lassen, was sich nicht zählen, berechnen, wägen, sehen und greifen läßt. Daß man auf diese Weise «das Dasein zu einer Rechenknechts-Übung und Stubenhockerei für Mathematiker» herabwürdigt, ist den modernen Gelehrten gleichgültig. («Fröhliche Wissenschaft», § 373.) Ein Recht, die vor seinen Sinnen und seiner Vernunft vorüberziehenden Vorkommnisse der Welt zu interpretieren, so daß er sie mit seinem Denken beherrschen kann, schreibt sich ein solcher Gelehrter nicht zu. Er sagt: die Wahrheit muß von meiner Interpretationskunst unabhängig sein, und ich habe die Wahrheit nicht zu schaffen, sondern ich muß sie mir von den Erscheinungen der Welt diktieren lassen.

Wozu diese moderne Wissenschaft zuletzt gelangt, wenn sie sich alles Zurechtlegens der Welterscheinungen enthält, das hat ein Anhänger dieser Wissenschaft *(Richard Wahle)* in einem soeben erschienenen Buche («Das Ganze der Philosophie und ihr Ende») ausgesprochen: «Was könnte der Geist, der, ins Weltgehäuse spähend und in sich die Fragen nach dem Wesen und dem Ziele des Geschehens herumwälzte, endlich als Antwort finden? Es ist ihm widerfahren, daß er, wie er so scheinbar im Gegensatze zur umgebenden Welt dastand, sich auflöste und in einer Flucht von Vorkommnissen mit allen Vorkommnissen zusammenfloß. Er ‹wußte› nicht mehr die Welt; er sagte, ich bin nicht sicher, daß Wissende da sind, sondern Vorkommnisse sind da schlechthin. Sie kommen freilich in solcher Weise, daß der Begriff eines Wissens vorschnell, ungerechtfertigt, entstehen konnte ... Und ‹Begriffe› huschten empor, um Licht in die Vorkommnisse zu bringen, aber es waren Irrlichter, Seelen der Wünsche nach Wissen, erbärmliche, in ihrer Evidenz nichtssagende Postulate einer unausgefüllten Wissensform. *Unbekannte Faktoren müssen im Wechsel walten.** Über ihre Natur war Dunkel gebreitet. Vorkommnisse sind der Schleier des Wahrhaften.»

Daß die menschliche Persönlichkeit in die Vorkommnisse der Wirklichkeit einen Sinn hineinlegen könne und die *unbekannten Faktoren*, die im Wechsel der Ereignisse walten, aus eigenem Vermögen ergänzen könne, daran denken die modernen Gelehrten nicht. Sie wollen nicht die Flucht der Erscheinungen durch die Ideen interpretieren, die aus ihrer Persönlichkeit stammen. Sie wollen die Erscheinungen bloß beobachten und beschreiben, aber nicht deuten. Sie wollen bei dem Tatsächlichen stehen bleiben und es der schöpferischen Phantasie nicht gestatten, sich ein in sich gegliedertes Bild von der Wirklichkeit zu machen.

Wenn ein phantasievoller Naturforscher, wie zum Beispiel *Ernst Haeckel*, aus den Ergebnissen einzelner Beobachtungen ein Gesamtbild der Entwickelung des organi-

* Vom Verfasser hervorgehoben.

schen Lebens auf der Erde entwirft, dann fallen diese Fanatiker der Tatsächlichkeit über ihn her und zeihen ihn der Versündigung an der Wahrheit. Die Bilder, die er von dem Leben in der Natur entwirft, können sie nicht mit Augen sehen, oder mit Händen greifen. Ihnen ist das unpersönliche Urteil lieber, als das durch den Geist der Persönlichkeit gefärbte. Sie möchten bei ihren Beobachtungen am liebsten die Persönlichkeit ganz ausschalten.

Es ist das asketische Ideal, das die Fanatiker der Tatsächlichkeit beherrscht. Sie wollen eine Wahrheit *jenseits* des persönlichen, individuellen Urteiles. Was der Mensch in die Dinge «hineinphantasieren» kann, bekümmert sie nicht; die «Wahrheit» ist ihnen etwas absolut Vollkommenes, ein Gott; der Mensch soll sie entdecken, sich ihr ergeben, aber sie nicht schaffen. Die Naturforscher und die Geschichtschreiber sind gegenwärtig von dem gleichen Geiste des asketischen Ideals beseelt. Überall Aufzählen, Beschreiben von Tatsachen, und nichts darüber. Jedes Zurechtlegen der Tatsachen ist verpönt. Alles persönliche Urteilen soll unterbleiben.

Unter diesen modernen Gelehrten finden sich auch Atheisten. Diese Atheisten sind aber keine freieren Geister als ihre Zeitgenossen, die an Gott glauben. Mit den Mitteln der modernen Wissenschaft läßt sich das Dasein Gottes nicht beweisen. Hat sich doch eine der Leuchten moderner Wissenschaft *(Du Bois-Reymond)* über die Annahme einer «Weltseele» also geäußert: bevor der Naturforscher sich zu einer solchen Annahme entschließt, verlangt er, «daß ihm irgendwo in der Welt, in Neuroglia gebettet und mit warmem arteriellen Blut unter richtigem Drucke gespeist, ein dem geistigen Vermögen solcher

Seele an Umfang entsprechendes Konvolut von Ganglien-Kugeln und Nervenfasern gezeigt» werde («Grenzen des Naturerkennens»). Die moderne Wissenschaft lehnt den Glauben an Gott ab, weil dieser Glaube neben dem Glauben an die «objektive Wahrheit» nicht bestehen kann. Diese «objektive Wahrheit» ist aber nichts anderes als ein neuer Gott, der über den alten gesiegt hat. «Der unbedingte redliche Atheismus (– und *seine* Luft allein atmen wir, wir geistigeren Menschen dieses Zeitalters!) steht demgemäß *nicht* im Gegensatz zu jenem [asketischen] Ideale, wie es den Anschein hat; er ist vielmehr nur eine seiner letzten Entwickelungsphasen, eine seiner Schlußformen und inneren Folgerichtigkeiten, – er ist die Ehrfurcht gebietende *Katastrophe* einer zweitausendjährigen Zucht zur Wahrheit, welche am Schlusse sich die *Lüge im Glauben an Gott* verbietet.» («Genealogie», 3. Abhandlung, § 27.) Der Christ sucht die Wahrheit in Gott, weil er Gott für den Quell aller Wahrheit hält; der moderne Atheist lehnt den Glauben an Gott ab, weil ihm *sein* Gott, sein Ideal von Wahrheit diesen Glauben verbietet. Der moderne Geist sieht in Gott eine menschliche Schöpfung; in der «Wahrheit» sieht er etwas, was ohne alles menschliche Zutun durch sich selbst besteht. Der wirklich «freie Geist» geht noch weiter. Er fragt: «*Was bedeutet aller Wille zur Wahrheit?*» Wozu Wahrheit? Alle Wahrheit entsteht doch dadurch, daß der Mensch über die Erscheinungen der Welt nachdenkt, sich Gedanken über die Dinge bildet. Der Mensch selbst ist der Schöpfer der Wahrheit. Der «freie Geist» kommt zum Bewußtsein seines Schaffens der Wahrheit. Er betrachtet die Wahrheit nicht mehr als etwas, dem er sich unterordnet; er betrachtet sie als sein Geschöpf.

19

Die mit schwachen, mißratenen Erkenntnisinstinkten ausgestatteten Menschen wagen es nicht, aus der Begriffe bildenden Macht ihrer Persönlichkeit heraus den Welterscheinungen einen Sinn unterzulegen. Sie wollen, daß ihnen die «Gesetzmäßigkeit der Natur» als Tatbestand vor die Sinne trete. Ein subjektives, der Einrichtung des menschlichen Geistes gemäß geformtes Weltbild scheint ihnen wertlos. Aber die bloße Beobachtung der Vorkommnisse in der Welt liefert uns nur ein zusammenhangloses und doch nicht in Einzelheiten gesondertes Weltbild. Dem bloßen Beobachter der Dinge erscheint kein Gegenstand, kein Geschehnis wichtiger, bedeutungsvoller als das andere. Das rudimentäre Organ eines Organismus, das vielleicht dann, wenn wir darüber nachgedacht haben, ohne alle Bedeutung für die Entwickelung des Lebens erscheint, steht gerade mit demselben Anspruch auf Beachtung da, wie der edelste Teil des Organismus, so lange wir bloß den objektiven Tatbestand beschauen. Ursache und Wirkung sind aufeinanderfolgende Erscheinungen, die ineinander überfließen, ohne durch etwas getrennt zu sein, so lange wir sie *bloß beobachten.* Erst wenn wir mit unserem Denken einsetzen, die ineinander fließenden Erscheinungen sondern und gedanklich aufeinander beziehen, wird ein *gesetzmäßiger Zusammenhang* sichtbar. Erst das Denken erklärt die eine Erscheinung für die Ursache, die andere für die Wirkung. Wir sehen einen Regentropfen auf den Erdboden fallen und eine Vertiefung hervorrufen. Ein Wesen, das nicht denken kann, wird hier nicht Ursache und Wirkung sehen, sondern nur eine Aufeinanderfolge von Erscheinungen. Ein denkendes Wesen isoliert die Erscheinungen, bringt die isolierten Fakten in ein Verhältnis und bezeichnet das eine Faktum als Ursache, das andere als Wirkung. Durch die Beobachtung wird der Intellekt angeregt, Gedanken zu produzieren und diese mit den beobachteten Tatsachen zu einem gedankenvollen Weltbilde zu verschmelzen. Der Mensch tut dies, weil er die Summe der Beobachtungen gedanklich beherrschen will. Ein ihm gegenüberstehendes Gedankenleeres drückt auf ihn wie eine unbekannte Macht. Er widersetzt sich dieser Macht, überwindet sie, indem er sie denkbar macht. Auch alles Zählen, Wägen und Berechnen der Erscheinungen geschieht aus demselben Grunde. Es ist der *Wille zur Macht*, der sich in dem Erkenntnistriebe auslebt. (Ich habe den Erkenntnisprozeß im einzelnen dargestellt in meinen beiden Schriften: «Wahrheit und Wissenschaft» und «Die Philosophie der Freiheit».)

Der stumpfe, schwache Intellekt will sich nicht eingestehen, daß er es selbst ist, der als Äußerung seines Strebens nach Macht die Erscheinungen interpretiert. Er hält auch seine Interpretation für einen Tatbestand. Und er fragt: wie der Mensch dazu kommt, einen solchen Tatbestand in der Wirklichkeit zu finden. Er fragt zum Beispiel: wie kommt es, daß der Intellekt in zwei aufeinander folgenden Erscheinungen Ursache und Wirkung anerkennt? Alle Erkenntnistheoretiker von Locke, Hume, Kant bis auf die Gegenwart haben sich mit dieser Frage beschäftigt. Die Spitzfindigkeiten, die sie auf diese Untersuchung verwendet haben, sind unfruchtbar geblieben. Die Erklärung ist gegeben in dem Streben des menschlichen Intellekts nach Macht. Die Frage ist gar nicht: sind Urteile,

Gedanken über die Erscheinungen möglich, sondern: hat der menschliche Intellekt solche Urteile nötig? Weil er sie nötig hat, deshalb wendet er sie an, und nicht weil sie möglich sind. Es kommt darauf an, «zu begreifen, daß zum Zweck der Erhaltung von Wesen unserer Art solche Urteile als wahr *geglaubt* werden müssen; weshalb sie natürlich noch *falsche* Urteile sein könnten!» («Jenseits von Gut und Böse», § 11.) «Und wir sind grundsätzlich geneigt zu behaupten, daß die falschesten Urteile ... uns die unentbehrlichsten sind, daß ohne ein Geltenlassen der logischen Fiktionen, ohne ein Messen der Wirklichkeit an der rein erfundenen Welt des Unbedingten, Sich-selbst-Gleichen, ohne eine beständige Fälschung der Welt durch die Zahl der Mensch nicht leben könnte, – daß Verzichtleisten auf falsche Urteile ein Verzichtleisten auf Leben, eine Verneinung des Lebens wäre.» (Ebenda, § 4.) Wem dieser Ausspruch paradox erscheint, der besinne sich darauf, wie fruchtbar die Anwendung der Geometrie auf die Wirklichkeit ist, obgleich es nirgends in der Welt wirklich geometrisch regelmäßige Linien, Flächen und so weiter gibt.

Wenn der stumpfe, schwache Intellekt einsieht, daß alle Urteile über die Dinge aus ihm selbst stammen, durch ihn produziert und mit den Beobachtungen verschmolzen werden, dann hat er nicht den Mut, diese Urteile rückhaltslos anzuwenden. Er sagt: Urteile solcher Art können uns keine Erkenntnis von dem «wahren Wesen» der Dinge vermitteln. Dieses «wahre Wesen» bleibt daher unserer Erkenntnis verschlossen.

Noch in einer anderen Art sucht der schwache Intellekt zu beweisen, daß durch das menschliche Erkennen kein Feststehendes gewonnen werden kann. Er sagt: Der

Mensch sieht, hört, tastet die Dinge und Vorgänge. Was er dabei wahrnimmt, sind Eindrücke auf seine Sinnesorgane. Wenn er eine Farbe, einen Ton wahrnimmt, so kann er nur sagen: mein Auge, mein Ohr werden in einer gewissen Art bestimmt, Farbe, Ton wahrzunehmen. Nicht etwas *außer ihm* nimmt der Mensch wahr, sondern nur eine Bestimmung, eine Modifikation seiner eigenen Organe. In der Wahrnehmung werden das Auge, das Ohr und so weiter dazu veranlaßt, in einer gewissen Weise zu empfinden; sie werden in einen bestimmten Zustand versetzt. Diese Zustände seiner eigenen Organe nimmt der Mensch als Farben, Töne, Gerüche und so weiter wahr. In aller Wahrnehmung nimmt der Mensch nur seine eigenen Zustände wahr. Was er Außenwelt nennt, ist nur aus diesen seinen Zuständen zusammengesetzt; ist also im eigentlichen Sinne *sein* Werk. Die Dinge, die ihn veranlassen, aus sich heraus die Außenwelt zu spinnen, kennt er nicht; nur ihre Wirkungen auf seine Organe. Einem von dem Menschen geträumten Traume gleich, der durch ein Unbekanntes veranlaßt wird, erscheint die Welt in dieser Beleuchtung.

Wenn dieser Gedanke konsequent zu Ende gedacht wird, so zieht er folgenden Nachsatz nach sich. Auch seine Organe kennt der Mensch nur, insofern er sie wahrnimmt; sie sind Glieder in seiner Wahrnehmungswelt. Und seines eigenen Selbst wird sich der Mensch nur bewußt, insofern er die Bilder der Welt aus sich herausspinnt. Traumbilder nimmt er wahr und inmitten dieser Traumbilder ein «Ich», an dem diese Traumbilder vorüberziehen. Jedes Traumbild erscheint in Begleitung dieses «Ich». Man kann auch sagen: jedes Traumbild erscheint inmitten der Traumwelt immer in Beziehung auf dieses «Ich». Dieses «Ich» haftet als

Bestimmung, als Eigenschaft an den Traumbildern. Es ist somit, als Bestimmung von Traumbildern, selbst ein Traumhaftes. *J. G. Fichte* faßt diese Ansicht in die Worte zusammen: «Was durch das Wissen und aus dem Wissen entsteht, ist nur ein Wissen. Alles Wissen aber ist nur Abbildung, und es wird in ihm immer etwas gefordert, das dem Bilde entspreche. Diese Forderung kann durch kein Wissen befriedigt werden; und ein System des Wissens ist notwendig, ein System bloßer Bilder, *ohne alle Realität, Bedeutung und Zweck**.» «Alle Realität» ist für Fichte ein wunderbarer «Traum, ohne ein Leben, von welchem geträumt wird, und ohne einen Geist, dem da träumt»; ein Traum, «der in einem Traume von sich selbst zusammenhängt». («Bestimmung des Menschen», 2. Buch.)

Was hat diese ganze Gedankenkette für eine Bedeutung? Ein schwacher Intellekt, der sich nicht unterfangen will, der Welt aus sich heraus einen Sinn zu geben, sucht diesen Sinn in der Welt der Beobachtungen. Er kann ihn da natürlich nicht finden, weil die bloße Beobachtung gedankenleer ist.

Der starke, produktive Intellekt verwendet seine Begriffswelt dazu, die Beobachtungen zu deuten; der schwache, unproduktive Intellekt erklärt sich selbst für zu ohnmächtig, um das zu tun und sagt: ich kann in den Erscheinungen der Welt keinen Sinn finden; sie sind bloße Bilder, die an mir vorüberziehen. Der Sinn des Daseins muß außerhalb, jenseits der Erscheinungswelt gesucht werden. Dadurch wird die Erscheinungswelt, das heißt die menschliche Wirklichkeit für einen Traum, eine Täuschung, ein *Nichts* erklärt und das «wahre Wesen» der Erscheinungen wird

* Vom Verfasser hervorgehoben.

in einem «Ding an sich» gesucht, bis zu dem keine Beobachtung, kein Erkennen reicht, das heißt von dem sich der Erkennende keine Vorstellung machen kann. Dieses «wahre Wesen» ist also für den Erkennenden ein völlig leerer Gedanke, der Gedanke an ein *Nichts.* Traum ist bei jenen Philosophen, die von dem «Ding an sich» sprechen, die Erscheinungswelt. *Nichts* ist aber das, was sie als das «wahre Wesen» dieser Erscheinungswelt ansehen. Die ganze philosophische Bewegung, die von dem «Ding an sich» spricht und die in der neueren Zeit sich namentlich auf Kant stützt, ist der Glaube an das *Nichts, ist philosophischer Nihilismus.*

20

Wenn der starke Geist nach der Ursache eines menschlichen Handelns und Vollbringens sucht, so findet er diese immer in dem Willen zur Macht der einzelnen Persönlichkeit. Der Mensch mit schwachem, mutlosem Intellekt will dies aber nicht zugeben. Er fühlt sich nicht kräftig genug, sich zum Herrn und Richtunggeber seines Handelns zu machen. Er deutet die Triebe, die ihn lenken, als Gebote einer fremden Macht. Er sagt nicht: ich handle, wie ich *will;* sondern er sagt: ich handle gemäß einem Gebote, wie ich *soll.* Er will sich nicht *befehlen*, er will *gehorchen.* Auf der einen Stufe der Entwickelung sehen die Menschen ihre Antriebe zum Handeln als Gebote Gottes an, auf einer andern Stufe glauben sie in ihrem Innern eine Stimme zu vernehmen, die ihnen gebietet. Sie wagen es im letzteren Falle nicht, zu sagen: ich bin es selbst, der da befiehlt; sie behaupten: in mir spricht ein höherer Wille sich aus. Daß sein *Gewissen* ihm in jedem einzelnen

Falle sagt, wie er handeln soll, ist die Meinung des einen; daß ein kategorischer Imperativ ihm befiehlt, behauptet ein anderer. Hören wir, was J. G. Fichte sagt: «Es soll schlechthin etwas geschehen, weil es nun einmal geschehen *soll:* dasjenige, was das Gewissen nun eben von mir ... fordert; daß es geschehe, dazu, lediglich dazu bin ich da; um es zu erkennen, habe ich Verstand: um es zu vollbringen, Kraft.» («Bestimmung des Menschen», 3. Buch.) Ich führe mit Vorliebe J. G. Fichtes Aussprüche an, weil er mit eiserner Konsequenz die Meinung der «Schwachen und Mißratenen» bis ans Ende gedacht hat. Wozu diese Meinungen zuletzt führen, kann man nur erkennen, wenn man sie da aufsucht, wo sie zu Ende gedacht worden sind; auf die Halben, die jeden Gedanken nur bis in seine Mitte denken, kann man sich nicht stützen.

Nicht in der Einzelpersönlichkeit wird von denen, die in der angedeuteten Weise denken, der Quell des Wissens gesucht; sondern *jenseits* dieser Persönlichkeit in einem «Willen an sich». Eben dieser «Wille an sich» soll als «Stimme Gottes» oder «als Stimme des Gewissens», «kategorischer Imperativ» und so weiter zu dem Einzelnen sprechen. Er soll der universelle Lenker des menschlichen Handelns und der *Urquell der Sittlichkeit sein* und auch die *Zwecke des sittlichen Handelns* bestimmen. «Ich sage, das Gebot des Handelns selbst ist es, welches durch sich selbst mir einen Zweck setzt: dasselbe in mir, was mich nötigt, zu denken, daß ich so handeln solle, nötigt mich, zu glauben, daß aus diesem Handeln etwas erfolgen werde; es eröffnet dem Auge die Aussicht auf eine andere Welt.» «Wie ich im *Gehorsam* lebe, lebe ich zugleich in der Anschauung seines Zweckes, *lebe ich in der bessern Welt, die er* *mir verheißt**.» (Fichte, «Die Bestimmung des Menschen», 3. Buch.) Der also Denkende will sich nicht selbst sein Ziel setzen; er will von dem höheren Willen, dem er gehorcht, sich zu einem Ziele führen lassen. Er will sich seines Eigenwillens entledigen und sich zum Werkzeug «höherer» Zwecke machen. In Worten, die zu den schönsten Erzeugnissen des Sinnes für Gehorsam und Demut gehören, die mir bekannt sind, schildert Fichte die Hingabe an den «ewigen Willen an sich». «Erhabener, lebendiger Wille, den kein Name nennt und kein Begriff umfaßt, wohl darf ich mein Gemüt zu dir erheben; denn du und ich sind nicht getrennt. Deine Stimme ertönt in mir, die meinige tönt in dir wieder; und *alle meine Gedanken, wenn sie nur wahr und gut sind, sind in dir gedacht**. – In dir, dem Unbegreiflichen, werde ich mir selbst, und wird mir die Welt vollkommen begreiflich, alle Rätsel meines Daseins werden gelöst, und die vollendetste Harmonie entsteht in meinem Geiste.» «Ich verhülle vor dir mein Angesicht und lege die Hand auf den Mund. Wie du für dich selbst bist und dir selbst erscheinst, kann ich nie einsehen, so gewiß ich nie du selbst werden kann. Nach tausendmal tausend durchlebten Geisterleben werde ich dich noch ebensowenig begreifen als jetzt, in dieser Hütte von Erde.» («Bestimmung des Menschen», 3. Buch.)

Wohin dieser Wille den Menschen zuletzt führen will, das kann der Einzelne nicht wissen. Wer an diesen Willen glaubt, gesteht also damit, daß er über die Endzwecke seines Handelns *nichts* weiß. Die Ziele, die sich der Einzelne *schafft*, sind aber für einen solchen Gläubigen eines höheren Willens keine «wahren» Ziele. Er setzt somit an

* Vom Verfasser hervorgehoben.

die Stelle der durch das Individuum geschaffenen positiven Einzelziele einen Endzweck der ganzen Menschheit, dessen Gedankeninhalt aber ein *Nichts* ist. Ein solcher Gläubiger ist *moralischer Nihilist.* Er ist in der schlimmsten Art von Unwissenheit befangen, die sich erdenken läßt. Nietzsche wollte diese Art von Unwissenheit in einem besonderen Buche seines unvollendet gebliebenen Werkes «Der Wille zur Macht» behandeln. (Vgl. Anhang zu Band VIII der Gesamtausgabe von Nietzsches Werken.)

Die Lobpreisung des moralischen Nihilismus finden wir wieder in Fichtes «Bestimmung des Menschen» (3. Buch): «Ich will nicht versuchen, was mir durch das Wesen der Endlichkeit versagt ist, und was mir zu nichts nützen würde; wie du an dir selbst bist, will ich nicht wissen. Aber deine Beziehungen und Verhältnisse zu mir, dem Endlichen, und zu allem Endlichen, liegen offen vor meinem Auge: werde ich, was ich sein soll! – und sie umgeben mich in hellerer Klarheit, als das Bewußtsein meines eignen Daseins. Du *wirkest* in mir die Erkenntnis von meiner Pflicht, von meiner Bestimmung in der Reihe der vernünftigen Wesen; *wie*, das weiß ich nicht, noch bedarf ich es zu wissen. *Du weißt und erkennst*, was ich denke und will; *wie* du wissen kannst, – durch welchen Akt *du* dieses Bewußtsein zustande bringst, *darüber verstehe ich nichts;* ja ich weiß sogar sehr wohl, daß der Begriff eines Akts, und eines besonderen Akts des Bewußtseins nur von mir gilt, nicht aber von dir, dem Unendlichen. Du *willst*, denn du willst, daß mein freier Gehorsam Folgen habe in alle Ewigkeit; den *Akt deines Willens begreife ich nicht*, und weiß nur so viel, daß er nicht ähnlich ist dem meinigen. Du *tust*, und dein Wille selbst ist *Tat;* aber deine Wirkungsweise ist der, die ich allein zu denken vermag, geradezu entgegengesetzt. *Du lebest und bist*, denn du weißt, willst und wirkest, allgegenwärtig der endlichen Vernunft; *aber du bist nicht, wie ich alle Ewigkeiten hindurch allein ein Sein werde denken können**.»

Dem moralischen Nihilismus stellt Nietzsche die Ziele gegenüber, die der *schaffende* Einzelwille sich setzt. Den Lehrern der Ergebung ruft Zarathustra zu:

«Diese Lehrer der Ergebung! Überall hin, wo es klein und krank und grindig ist, kriechen sie, gleich Läusen; und nur mein Ekel hindert mich, sie zu knacken.

Wohlan! Dies ist meine Predigt für *ihre* Ohren: ich bin Zarathustra, der Gottlose, der da spricht: ‹wer ist gottloser denn ich, daß ich mich seiner Unterweisung freue?›

Ich bin Zarathustra, der Gottlose: wo finde ich meinesgleichen? Und alle die sind meinesgleichen, *die sich selber ihren Willen geben und alle Ergebung von sich abtun**.»

21

Die starke Persönlichkeit, die Ziele *schafft*, ist rücksichtslos in der Ausführung derselben. Die schwache Persönlichkeit dagegen führt nur das aus, wozu der Wille Gottes oder die «Stimme des Gewissens» oder der «kategorische Imperativ» Ja sagt. Was diesem *Ja* entspricht, bezeichnet der Schwache als *gut*, was diesem Ja zuwider ist als *böse*. Der Starke kann dieses «gut und bös» nicht anerkennen; denn er erkennt diejenige Macht nicht an, von der sich der Schwache sein Gutes und Böses bestimmen läßt. Was er, der Starke, will, ist für ihn *gut;* er führt es durch gegen alle widerstrebenden Mächte. Was ihn in dieser Durchführung

* Vom Verfasser hervorgehoben.

stört, das sucht er zu überwinden. Er glaubt nicht, daß ein «ewiger Weltwille» alle einzelnen Willensentschlüsse zu einer großen Harmonie lenkt; aber er ist der Ansicht, daß alle menschliche Entwickelung aus den Willensimpulsen der Einzelpersönlichkeiten sich ergibt, und daß ein ewiger Krieg besteht zwischen den einzelnen Willensäußerungen, in dem immer der stärkere Wille über den schwächeren siegt.

Von den Schwachen und Mutlosen wird die starke Persönlichkeit, die sich selbst Gesetz und Zweck geben will, als böse, als sündhaft bezeichnet. Sie erregt Furcht, denn sie durchbricht die hergebrachten Ordnungen; sie nennt wertlos, was die Schwachen gewohnt sind, wertvoll zu nennen, und sie erfindet Neues, vor ihr Unbekanntes, das sie als wertvoll bezeichnet. «Jede individuelle Handlung, jede individuelle Denkweise erregt Schauder; es ist gar nicht auszurechnen, was gerade die selteneren, ausgesuchteren, ursprünglicheren Geister im ganzen Verlauf der Geschichte dadurch gelitten haben müssen, daß sie immer als die bösen und gefährlichen empfunden wurden, ja daß *sie sich selber so empfanden.* Unter der Herrschaft der Sittlichkeit der Sitte hat die Originalität jeder Art ein böses Gewissen bekommen; bis diesen Augenblick ist der Himmel der Besten noch dadurch verdüsterter, als er sein müßte.» («Morgenröte», § 9.)

Der wahrhaft *freie* Geist faßt schlechthin *erste* Entschlüsse; der unfreie entscheidet sich nach dem Herkommen. «Sittlichkeit ist nichts anderes (also namentlich *nicht mehr!)*, als Gehorsam gegen Sitten, welcher Art diese auch sein mögen; Sitten aber sind die *herkömmliche* Art zu handeln und abzuschätzen.» («Morgenröte», § 9.) Dieses Herkommen ist es, was von den Moralisten als «ewiger Wille», «kategorischer Imperativ» gedeutet wird. Jedes Herkommen ist aber das Ergebnis der naturgemäßen Triebe und Impulse einzelner Menschen, ganzer Stämme, Völker und so weiter. Es ist ebenso das Produkt natürlicher Ursachen, wie etwa die Witterungsverhältnisse einzelner Gegenden. Der freie Geist erklärt sich durch dieses Herkommen nicht gebunden. Er hat seine individuellen Triebe und Impulse, und diese sind nicht weniger berechtigt als die der anderen. Er setzt diese Impulse in Handlungen um, wie eine Wolke Regen auf die Erdoberfläche sendet, wenn die Ursachen dazu vorhanden sind. Der freie Geist steht *jenseits dessen, was das Herkommen als gut und böse ansieht. Er schafft* sich selbst sein Gut und Böse.

«Als ich zu den Menschen kam, da fand ich sie sitzen auf einem alten Dünkel: Alle dünkten sich lange schon zu wissen, was dem Menschen *gut* und *böse* sei.

Eine alte müde Sache dünkte ihn alles Reden von Tugend; und wer gut schlafen wollte, der sprach vor dem Schlafengehen noch von ‹Gut› und ‹Böse›.

Diese Schläferei störte ich auf, als ich lehrte: was gut und böse ist, das *weiß noch niemand* – es sei denn der Schaffende!

– Das aber ist der, welcher des Menschen Ziel *schafft* und der Erde ihren Sinn gibt und ihre Zukunft: dieser erst *schafft* es, *daß* etwas gut und böse ist.» («Zarathustra», 3. Teil, «Von alten und neuen Tafeln.»)

Auch dann wenn der freie Geist handelt, wie es dem Herkommen gemäß ist, dann tut er es, weil er die herkömmlichen Motive zu den seinigen machen *will*, und weil er es in bestimmten Fällen nicht für nötig hält, an die Stelle des Herkömmlichen etwas Neues zu setzen.

Der Starke sucht in der Durchsetzung seines schaffenden *Selbst* seine Lebensaufgabe. Diese *Selbstsucht* unterscheidet ihn von den Schwachen, die in der *selbstlosen* Hingabe an das, was sie das Gute nennen, die Sittlichkeit sehen. Die Schwachen predigen die Selbstlosigkeit als die höchste Tugend. Ihre Selbstlosigkeit ist aber nur die Folge ihres Mangels an Schaffenskraft. Hätten sie ein schaffendes Selbst, so würden sie dieses auch durchsetzen wollen. Der Starke liebt den Krieg, denn er braucht den Krieg, um seine Schöpfungen gegen die widerstrebenden Mächte durchzusetzen.

«Euren Feind sollt ihr suchen, euren Krieg sollt ihr führen und für eure Gedanken! Und wenn euer Gedanke unterliegt, so soll eure Redlichkeit darüber noch Triumph rufen!

Ihr sollt den Frieden lieben als Mittel zu neuen Kriegen. Und den kurzen Frieden mehr als den langen.

Euch rate ich nicht zur Arbeit, sondern zum Kampfe. Euch rate ich nicht zum Frieden, sondern zum Siege. Eure Arbeit sei ein Kampf, euer Friede sei ein Sieg! ...

Ihr sagt, die *gute* Sache sei es, die sogar den Krieg heilige? Ich sage euch: der gute Krieg ist es, der jede Sache heiligt.

Der Krieg und der Mut haben mehr große Dinge getan, als die Nächstenliebe. Nicht euer Mitleiden, sondern eure Tapferkeit rettete bisher die Verunglückten.» («Zarathustra», 1. Teil. «Vom Krieg und Kriegsvolke.»)

Unerbittlich und ohne Schonung des Widerstrebenden handelt der Schaffende. Er kennt nicht die Tugend der Leidenden: das Mitleid. Aus seiner Kraft kommen die

Antriebe des Schaffenden, nicht aus dem Gefühle des fremden Leidens. Daß die Kraft siege, dafür setzt er sich ein, nicht daß das Leidende, Schwache gepflegt werde. Schopenhauer hat die ganze Welt für ein Lazarett erklärt, und die aus dem Mitgefühle mit den Leidenden entspringenden Handlungen für die höchsten Tugenden. Er hat damit die Moral des Christentums in anderer Form ausgesprochen, als dieses selbst es tut. Der Schaffende fühlt sich nicht berufen, Krankenwärterdienste zu verrichten. Die Tüchtigen, Gesunden können nicht um der Schwachen, Kranken willen da sein. Das Mitleid schwächt die Kraft, den Mut, die Tapferkeit.

Das Mitleid sucht gerade das zu erhalten, was der Starke überwinden will: die Schwäche, das Leiden. Der Sieg des Starken über das Schwache ist der Sinn aller menschlichen wie aller natürlichen Entwickelung. «Leben selbst ist *wesentlich* Aneignung, Verletzung, Überwältigung des Fremden und Schwächeren, Unterdrückung, Härte, Aufzwängung eigner Formen, Einverleibung und mindestens, mildestens, Ausbeutung.» («Jenseits von Gut und Böse», § 259.)

«Und wollt ihr nicht Schicksale sein und Unerbittliche: wie könntet ihr mit mir – siegen?

Und wenn eure Härte nicht blitzen und schneiden und zerschneiden will: wie könntet ihr einst mit mir – schaffen?

Die Schaffenden nämlich sind hart. Und Seligkeit muß es euch dünken, eure Hand auf Jahrtausende zu drücken wie auf Wachs –

– Seligkeit, auf dem Willen von Jahrtausenden zu schreiben wie auf Erz – härter als Erz, edler als Erz. Ganz hart ist allein das Edelste.

Diese neue Tafel, o meine Brüder, stelle ich über euch: *werdet hart!*» («Zarathustra», 3. Teil. «Von alten und neuen Tafeln.»)

Der freie Geist macht keinen Anspruch auf Mitleid. Wer ihn bemitleiden wollte, den müßte er fragen: hältst du mich für so schwach, daß ich mein Leid nicht selbst tragen kann? Ihm geht jedes Mitleid gegen die Scham. Nietzsche bringt den Widerwillen des Starken gegen das Mitleiden im vierten Teil seines «Zarathustra» zur Anschauung. Zarathustra kommt auf seinen Wanderungen in ein Tal, das «Schlangentod» heißt. Kein Lebewesen findet sich hier. Nur eine Art häßlicher grüner Schlangen kommt hierher, um zu sterben. Dieses Tal hat der «häßlichste Mensch» aufgesucht. Dieser will von keinem Wesen gesehen werden wegen seiner Häßlichkeit. In diesem Tal sieht ihn niemand außer Gott. Aber auch dessen Anblick kann er nicht ertragen. Das Bewußtsein, daß Gottes Blicke in alle Räume dringen, ist ihm zur Last. Er hat deshalb Gott getötet, das heißt er hat den Glauben an Gott in sich ertötet. Er ist zum Atheisten geworden wegen seiner Häßlichkeit. Als Zarathustra diesen Menschen sieht, überfällt ihn noch einmal das, was er für immer in sich getilgt zu haben glaubt: das Mitleid mit der furchtbaren Häßlichkeit. Dies ist eine Versuchung Zarathustras. Er weist aber das Gefühl des Mitleids bald zurück und wird wieder *hart*. Der häßlichste Mensch sagt zu ihm: Deine Härte ehrt meine Häßlichkeit. Ich bin zu *reich* an Häßlichkeit, um irgend eines Menschen Mitleid zu ertragen. Mitleid geht gegen die Scham.

Wer Mitleid braucht, kann nicht allein stehen, und der freie Geist will vollständig auf sich selbst gestellt sein.

23

Mit der Aufzeigung des natürlichen Willens zur Macht als Ursache der menschlichen Handlungen geben sich die Schwachen nicht zufrieden. Sie suchen nicht bloß nach natürlichen Zusammenhängen in der Menschenentwickelung, sondern sie suchen das Verhältnis der menschlichen Handlungen zu dem, was sie als den «Willen an sich», die «ewige, sittliche Weltordnung» nennen. Wer dieser Weltordnung zuwiderhandelt, dem sprechen sie eine *Schuld* zu. Und sie begnügen sich auch nicht damit, eine Handlung nach ihren natürlichen Folgen zu bewerten, sondern sie machen den Anspruch darauf, daß eine schuldvolle Handlung auch moralische Folgen, *Strafen* nach sich ziehe. Sie nennen sich selbst schuldig, wenn sie ihr Handeln mit der sittlichen Weltordnung nicht in Übereinstimmung finden; sie wenden sich mit Abscheu von dem Quell des Bösen in sich ab und nennen dies Gefühl *böses Gewissen.* Alle diese Begriffe läßt die starke Persönlichkeit nicht gelten. Sie kümmert sich nur um die natürlichen Folgen ihrer Handlungen. Sie fragt: wieviel ist meine Handlungsweise für das Leben wert? Entspricht sie dem, was ich gewollt habe? Der Starke kann sich grämen, wenn ihm eine Handlung fehlschlägt, wenn das Resultat seinen Absichten nicht entspricht. Aber er klagt sich nicht an. Denn er mißt seine Handlungsweise nicht an außernatürlichen Maßstäben. Er weiß, daß er so handelt, wie es seinen natürlichen Trieben entspricht, und kann höchstens bedauern, daß diese nicht besser sind. Ebenso hält er es mit der Beurteilung fremder Handlungen. Ein *moralisches* Abschätzen der Handlungen kennt er nicht. Er ist Immoralist.

Was das Herkommen als *böse* bezeichnet, sieht der Immoralist ebenso als Ausfluß menschlicher Instinkte an, wie das Gute. Die Strafe gilt ihm nicht als moralisch bedingt, sondern nur als ein Mittel, Instinkte gewisser Menschen, die andern schädlich sind, auszurotten. Die Gesellschaft straft nach Ansicht des Immoralisten nicht deswegen, weil sie ein «moralisches Recht» hat, die Schuld zu sühnen, sondern allein, weil sie sich stärker erweist, als der Einzelne, welcher der Gesamtheit widerstrebende Instinkte hat. Die Macht der Gesellschaft steht gegen die Macht des Einzelnen. Dies ist der natürliche Zusammenhang einer «bösen» Handlung des Einzelnen mit der Rechtsprechung der Gesellschaft und der Bestrafung dieses Einzelnen. Es ist der *Wille zur Macht*, das heißt zum Ausleben jener Instinkte, die bei der Mehrzahl der Menschen vorhanden sind, der sich in der Rechtspflege einer Gesellschaft äußert. Der Sieg einer Mehrheit über einen Einzelnen ist jede Bestrafung. Siegte der Einzelne über die Gesellschaft, so müßte seine Handlungsweise als *gut*, die der andern als *böse* bezeichnet werden. Das jeweilige *Recht* drückt nur aus, was die Gesellschaft eben als die beste Grundlage ihres Willens zur Macht anerkennt.

24

Weil Nietzsche in der menschlichen Handlungsweise nur einen Ausfluß der Instinkte sieht, und diese letzteren bei verschiedenen Menschen verschieden sind, scheint es ihm notwendig, daß auch deren Handlungsweisen verschieden sind. Nietzsche ist deshalb ein entschiedener Gegner des demokratischen Grundsatzes: Gleiche Rechte und gleiche Pflichten für alle. Die Menschen sind ungleich, deshalb müssen auch ihre Rechte und Pflichten ungleich sein. Der natürliche Gang der Weltgeschichte wird stets starke und schwache, schaffende und unfruchtbare Menschen aufweisen. Und die Starken werden immer dazu berufen sein, den Schwachen die Ziele zu bestimmen. Ja noch mehr: die Starken werden sich der Schwachen als Mittel zum Zwecke, das heißt als Sklaven bedienen. Nietzsche spricht natürlich nicht von einem «moralischen» Recht der Starken zur Haltung von Sklaven. «Moralische» Rechte erkennt er nicht an. Sondern er ist der Meinung, daß die Überwindung des Schwächeren durch den Stärkeren, die er für das Prinzip alles Lebens hält, notwendig zur Sklaverei führen muß.

Es ist auch natürlich, daß sich der Überwundene gegen den Überwinder auflehnt. Wenn diese Auflehnung sich nicht durch die Tat äußern kann, so äußert sie sich wenigstens im Gefühle. Und der Ausdruck dieses Gefühles ist die *Rache*, die stets in den Herzen derer wohnt, die in irgend einer Weise von den besser Veranlagten überwunden worden sind. Als Ausfluß dieser Rache sieht Nietzsche die moderne sozialdemokratische Bewegung an. Der Sieg dieser Bewegung würde ihm eine Erhöhung der Mißratenen, Übel-Weggekommenen zu Ungunsten der Besseren sein. Gerade das Gegenteil strebt Nietzsche an: die Pflege der starken, selbstherrlichen Persönlichkeit. Und er haßt die Sucht, die alles gleich machen und die souveräne Individualität in dem Meere der allgemeinen Mittelmäßigkeit verschwinden lassen will.

Nicht alle sollen dasselbe haben und genießen, meint Nietzsche, sondern jeder soll haben und genießen, was er nach Maßgabe seiner persönlichen Stärke erreichen kann.

25

Was der Mensch wert ist, hängt allein von dem Wert seiner Instinkte ab. Durch nichts anderes kann der Wert des Menschen bestimmt werden. Man spricht von dem Werte der Arbeit. Die Arbeit soll den Menschen adeln. Aber die Arbeit hat an sich gar keinen Wert. Nur dadurch, daß sie dem Menschen dient, erhält sie einen Wert. Nur insofern sich die Arbeit als natürliche Folge der menschlichen Neigungen darstellt, ist sie des Menschen würdig. Wer sich zum Diener der Arbeit macht, entwürdigt sich. Nur der Mensch, der *nicht* sich selbst seinen Wert bestimmen kann, sucht diesen Wert an der Größe seines Werkes abzumessen. Es ist charakteristisch für das demokratische Bürgertum der neueren Zeit, daß es in der Wertbemessung des Menschen sich nach dessen Arbeit richtet. Sogar Goethe ist von dieser Gesinnung nicht frei. Läßt er doch seinen *Faust* die volle Befriedigung in dem Bewußtsein getaner Arbeit finden.

26

Auch die *Kunst* hat nach Nietzsches Meinung nur Wert, wenn sie dem Leben des Einzelmenschen dient. Auch hier vertritt Nietzsche die Ansicht der starken Persönlichkeit und lehnt alles ab, was die schwachen Instinkte über die Kunst aussprechen. Fast alle deutschen Ästhetiker vertreten den Standpunkt der schwachen Instinkte. Die Kunst soll ein «Unendliches» im «Endlichen», ein «Ewiges» im «Zeitlichen», eine «Idee» in der «Wirklichkeit» darstellen. Für Schelling zum Beispiel ist alle sinnliche Schönheit nur ein Abglanz jener *unendlichen* Schönheit, die wir nie mit den Sinnen wahrnehmen können. Das Kunstwerk ist nicht um seiner selbst willen und durch das, was es ist, schön, sondern weil es die *Idee* der Schönheit abbildet. Das sinnliche Bild ist nur ein Ausdrucksmittel, nur die Form für einen *übersinnlichen* Inhalt. Und Hegel nennt das Schöne «das sinnliche Scheinen der *Idee*». Ähnliches kann man auch bei den andern deutschen Ästhetikern finden. Für Nietzsche ist die Kunst ein lebenförderndes Element, und nur, wenn sie dieses ist, hat sie Berechtigung. Wer das Leben, wie er es unmittelbar wahrnimmt, nicht ertragen kann, der formt es sich nach seinem Bedürfnisse um, und damit schafft er ein Kunstwerk. Und was will der Genießende vom Kunstwerk? Er will Erhöhung seiner Lebensfreude, Stärkung seiner Lebenskräfte, Befriedigung von Bedürfnissen, die ihm die Wirklichkeit nicht befriedigt. Aber er will, wenn sein Sinn auf das Wirkliche gerichtet ist, nicht durch das Kunstwerk den Abglanz des Göttlichen, Überirdischen erblicken. Hören wir, wie Nietzsche den Eindruck schildert, den Bizets Carmen auf ihn gemacht: «Ich werde ein besserer Mensch, wenn mir dieser Bizet zuredet. Auch ein besserer Musikant, ein besserer *Zuhörer*. Kann man überhaupt noch besser zuhören? – Ich vergrabe meine Ohren noch *unter* diese Musik, ich höre deren Ursache. Es scheint mir, daß ich ihre Entstehung erlebe – ich zittere vor Gefahren, die irgend ein Wagnis begleiten, ich bin entzückt über Glücksfälle, an denen Bizet unschuldig ist. – Und seltsam! im Grunde denke ich nicht daran, oder *weiß* es nicht, wie sehr ich daran denke. Denn ganz andere Gedanken laufen mir währenddem durch den Kopf ... Hat man bemerkt, daß die Musik den Geist *frei macht?* dem Gedanken Flügel gibt? daß man um so mehr Philosoph wird, je mehr man Musiker wird? – Der graue Himmel der

Abstraktion wie von Blitzen durchzuckt; das Licht stark genug für alles Filigran der Dinge; die großen Probleme nahe zum Greifen; die Welt wie von einem Berge aus überblickt. – Ich definierte eben das philosophische Pathos. – Und unversehens fallen mir *Antworten* in den Schoß, ein kleiner Hagel von Eis und Weisheit, von *gelösten* Problemen ... Wo bin ich? – Bizet macht mich fruchtbar. Alles Gute macht mich fruchtbar. Ich habe keine andre Dankbarkeit, ich habe auch keinen andern *Beweis* dafür, was gut ist.» – («Der Fall Wagner», § 1.) Weil Richard Wagners Musik eine *solche* Wirkung nicht auf ihn machte, deshalb lehnte sie Nietzsche ab: «Meine Einwände gegen die Musik Wagners sind physiologische Einwände ... Meine ‹Tatsache›, mein ‹petit fait vrai› ist, daß ich nicht mehr leicht atme, wenn diese Musik erst auf mich wirkt; daß alsbald mein *Fuß* gegen sie *böse* wird und revoltiert: er hat das Bedürfnis nach Takt, Tanz, Marsch ... er verlangt von der Musik vorerst die Entzückungen, welche in *gutem* Gehn, Schreiten, Tanzen liegen. Protestiert aber nicht auch mein Magen? mein Herz? mein Blutlauf? Betrübt sich nicht mein Eingeweide? Werde ich nicht unversehens heiser dabei? ... Und so frage ich mich: was *will* eigentlich mein ganzer Leib von der Musik überhaupt? ... Ich glaube, seine *Erleichterung*: wie als ob alle animalischen Funktionen durch leichte, kühne, ausgelaßne, selbstgewisse Rhythmen beschleunigt werden sollten; wie als ob das eherne, das bleierne Leben durch goldene zärtliche ölgleiche Melodien seine Schwere verlieren sollte. Meine Schwermut will in den Verstecken und Abgründen der *Vollkommenheit* ausruhn: dazu brauche ich Musik.» («Nietzsche contra Wagner». Kap.: «Wo ich Einwände mache») –

Im Anfange seiner schriftstellerischen Laufbahn täuschte sich Nietzsche über das, was seine Instinkte von der Kunst verlangen, deshalb war er damals ein Anhänger Wagners. Er hat sich durch das Studium der Schopenhauerschen Philosophie zum Idealismus verführen lassen. Er glaubte einige Zeit hindurch an den Idealismus und täuschte sich künstliche Bedürfnisse, ideale Bedürfnisse vor. Erst im weiteren Verlaufe seines Lebens merkte er, daß aller Idealismus seinen Trieben gerade entgegengesetzt ist. Er wurde nun aufrichtiger gegen sich selbst. Er sprach aus, wie er selbst empfand. Und das konnte nur zur vollständigen Ablehnung von Wagners Musik führen, die ja immer mehr den asketischen Charakter annahm, den wir bereits als Kennzeichen von Wagners letztem Wirkensziel aufgeführt haben.

Die Ästhetiker, die es der Kunst zur Aufgabe machen, die Idee zu versinnlichen, das Göttliche zu verkörpern, vertreten auf diesem Gebiete eine ähnliche Ansicht wie die philosophischen Nihilisten auf dem Gebiete der Erkenntnis und der Moral. Sie suchen in den Kunstobjekten ein Jenseitiges, das sich aber vor dem Wirklichkeitssinn in ein *Nichts* auflöst. Es gibt auch einen *ästhetischen Nihilismus.*

Diesem steht die Ästhetik der starken Persönlichkeit gegenüber, die in der Kunst ein Abbild der Wirklichkeit, eine höhere Wirklichkeit sieht, die der Mensch lieber genießt als die Alltäglichkeit.

27

Zwei Menschentypen stellt Nietzsche einander gegenüber: den Schwachen und den Starken. Der erstere sucht die Erkenntnis als einen objektiven Tatbestand, der von der

Außenwelt in seinen Geist einfließen soll. Er läßt sich sein Gutes und Böses von einem «ewigen Weltwillen» oder einem «kategorischen Imperativ» diktieren. Er bezeichnet jede nicht von diesem Weltwillen, sondern nur von dem schöpferischen Eigenwillen bestimmte Handlung als Sünde, die eine moralische Strafe nach sich ziehen muß. Er möchte für alle Menschen gleiche Rechte dekretieren und den Wert des Menschen nach einem äußeren Maßstabe bestimmen. Er möchte endlich in der Kunst ein Abbild des Göttlichen, eine Kunde aus dem Jenseits erblicken. Der Starke dagegen sieht alle Erkenntnis als den Ausdruck des Willens zur Macht an. Er sucht durch die Erkenntnis die Dinge denkbar und sich dadurch untertan zu machen. Er weiß, daß er selbst der Schöpfer der Wahrheit ist; daß niemand als er selbst sein Gutes und sein Böses schaffen kann. Er betrachtet die Handlungen des Menschen als Folgen natürlicher Triebe und läßt sie gelten als Naturereignisse, die niemals als Sünden zu betrachten sind und nicht eine moralische Verurteilung verdienen. Er sucht den Wert des Menschen in der Tüchtigkeit seiner Instinkte. Einen Menschen mit den Instinkten für Gesundheit, Geist, Schönheit, Ausdauer, Vornehmheit schätzt er höher als einen solchen mit den Instinkten für Schwäche, Häßlichkeit, Sklaverei. Er beurteilt ein Kunstwerk nach dem Grade, in dem es zur Steigerung seiner Kräfte beiträgt.

Diesen letzteren Menschentypus versteht Nietzsche unter seinem Übermenschen. Solche Übermenschen konnten bisher nur durch das Zusammentreffen zufälliger Umstände entstehen. Ihre Entwickelung zum bewußten Ziele der Menschheit zu machen, ist die Absicht, die Zarathustra hat. Man sah bisher das Ziel der menschlichen Entwickelung in irgendwelchen Idealen. Hier hält Nietzsche eine Änderung der Anschauungen für nötig. Der «höherwertigere Typus ist oft genug schon dagewesen: aber als ein Glücksfall, als eine Ausnahme, niemals als *gewollt*. Vielmehr ist *er* gerade am besten gefürchtet worden, er war bisher beinahe *das* Furchtbare; – und aus der Furcht heraus wurde der umgekehrte Typus gewollt, gezüchtet, *erreicht*: das Haustier, das Herdentier, das kranke Tier Mensch – der Christ ...» («Antichrist», § 3.)

Zarathustras Weisheit soll diesen Übermenschen, zu dem jener andere Typus nur ein Übergang ist, lehren.

Nietzsche nennt diese Weisheit eine *dionysische*. Es ist eine Weisheit, die nicht dem Menschen von außen gegeben wird; es ist eine selbstgeschaffene Weisheit. Der dionysische Weise forscht nicht; er schafft. Er steht nicht als Betrachter außer der Welt, die er erkennen will; er ist *Eins* geworden mit seiner Erkenntnis. Er sucht nicht nach einem Gotte; was er sich noch als göttlich vorstellen kann, ist nur Er selbst als Schöpfer seiner eigenen Welt. Wenn dieser Zustand auf alle Kräfte des menschlichen Organismus sich erstreckt, so gibt das den *dionysischen Menschen*, dem es unmöglich ist, irgendeine Suggestion nicht zu verstehen; er übersieht kein Zeichen des Affekts, er hat den höchsten Grad des verstehenden und erratenden Instinktes, wie er den höchsten Grad von Mitteilungskunst besitzt. Er geht in jede Haut, in jeden Affekt ein: er verwandelt sich beständig. Dem dionysischen Weisen steht der bloße Betrachter gegenüber, der sich immer außerhalb seiner Erkenntnisobjekte stehend glaubt, als objektiver, leidender Zuschauer. Dem dionysischen Menschen steht der *apollinische* gegenüber, der «vor allem das Auge erregt hält, so daß es die Kraft der Vision bekommt». Visionen, Bilder von Dingen, die jenseits der Menschen-Wirklichkeit stehen, erstrebt der apollinische Geist, nicht eine durch ihn selbst geschaffene Weisheit.

28

Die apollinische Weisheit hat den Charakter des *Ernstes*. Sie empfindet die Herrschaft des Jenseits, das sie nur im Bilde besitzt, als einen schweren Druck, als eine ihr widerstrebende Macht. Ernst ist die apollinische Weisheit, denn sie glaubt sich im Besitze einer Kunde aus dem Jenseits, wenn diese auch nur durch Bilder, Visionen vermittelt sein soll. Schwer beladen mit seiner Erkenntnis wandelt der apollinische Geist einher, denn er trägt eine Bürde, die aus einer andern Welt stammt. Und den Ausdruck der Würde nimmt er an, denn vor den Kundgebungen des Unendlichen muß jedes Lachen verstummen.

Dieses Lachen aber charakterisiert den dionysischen Geist. Er weiß, daß alles, was er Weisheit nennt, nur *seine* Weisheit ist, von ihm erfunden, um sich das Leben leicht zu machen. Nur dieses Eine soll ja seine Weisheit sein: ein Mittel, das ihm erlaubt, zum Leben Ja zu sagen. Dem dionysischen Menschen ist der Geist der Schwere zuwider, weil er das Leben nicht erleichtert, sondern niederdrückt. Die selbstgeschaffene Weisheit ist eine heitere Weisheit, denn wer sich selbst seine Bürde schafft, der schafft sich nur eine solche, die er auch leicht tragen kann. Mit der selbstgeschaffenen Weisheit bewegt sich der dionysische Geist leicht durch die Welt wie ein Tänzer.

«Daß ich aber der Weisheit gut bin und oft zu gut: das macht, sie erinnert mich gar sehr an das Leben!

Sie hat ihr Auge, ihr Lachen und sogar ihr goldnes Angelrütchen: was kann ich dafür, daß die beiden sich so ähnlich sehn?»

«In dein Auge schaute ich jüngst, o Leben: Gold sah ich in deinem Nacht-Auge blinken – mein Herz stand still vor dieser Wollust:

– einen goldenen Kahn sah ich blinken auf nächtigen Gewässern, einen sinkenden, trinkenden, wieder winkenden goldenen Schaukel-Kahn!

Nach meinem Fuße, dem tanzwütigen, warfst du einen Blick, einen lachenden, fragenden, schmelzenden Schaukel-Blick:

Zweimal nur regtest du deine Klapper mit kleinen Händen – da schaukelte mein Fuß vor Tanz-Wut. –

Meine Fersen bäumten sich, meine Zehen horchten, dich zu verstehen: doch trägt der Tänzer sein Ohr – in seinen Zehen!»

(«Zarathustra», 2. u. 3. Teil. «Die Tanzlieder.»)

29

Weil der dionysische Geist aus sich selbst alle Antriebe seines Tuns entnimmt und keiner äußeren Macht gehorcht, ist er ein *freier* Geist. Denn ein freier Geist ist derjenige, der nur seiner Natur folgt. Nun ist allerdings in Nietzsches Werken nur die Rede von Instinkten als den Antrieben des freien Geistes. Ich glaube, daß hier Nietzsche mit *einem* Namen eine Reihe von Antrieben zusammengefaßt hat, die eine mehr ins Einzelne gehende Betrachtung erfordern. Nietzsche nennt Instinkte sowohl die bei den Tieren vorhandenen Triebe zur Ernährung und Selbsterhaltung, wie auch die höchsten Antriebe der menschlichen Natur, zum

Beispiel den Erkenntnistrieb, den Trieb, nach sittlichen Maßstäben zu handeln, den Trieb, sich an Kunstwerken zu ergötzen und so weiter. Nun sind zwar alle diese Triebe Äußerungsformen einer und derselben Grundkraft. Aber sie stellen doch verschiedene Stufen in der Entwickelung dieser Kraft dar. Die moralischen Antriebe zum Beispiel sind eine besondere Stufe der Instinkte. Wenn auch zugegeben werden kann, daß sie nur höhere Formen sinnlicher Instinkte sind, so treten sie doch im Menschen auf eine besondere Art ins Dasein. Dies zeigt sich darin, daß es dem Menschen möglich ist, Handlungen zu vollführen, die nicht unmittelbar auf sinnliche Instinkte zurückzuführen sind, sondern nur auf jene Antriebe, die eben als höhere Formen des Instinktes zu bezeichnen sind. Der Mensch schafft sich Antriebe seines Handelns, die nicht aus seinen sinnlichen Trieben abzuleiten sind, sondern nur aus dem bewußten Denken. Er setzt sich individuelle Zwecke vor, aber er setzt sich diese *mit Bewußtsein* vor. Und es ist ein großer Unterschied, ob er einem unbewußt entstandenen und erst hinterher in das Bewußtsein aufgenommenen Instinkte oder einem Gedanken folgt, den er von vornherein mit vollem Bewußtsein produziert hat. Wenn ich esse, weil mein Nahrungstrieb mich drängt, so ist dies etwas wesentlich anderes, als wenn ich eine mathematische Aufgabe löse. Die denkende Erfassung der Welterscheinungen stellt eine besondere Form des allgemeinen Wahrnehmungsvermögens dar. Sie unterscheidet sich von der bloßen sinnlichen Wahrnehmung. Dem Menschen sind nun die höheren Entwickelungsformen des Instinktlebens ebenso natürlich wie die niederen. Stehen beide nicht im Einklange, dann ist er zur Unfreiheit verurteilt.

Es kann der Fall eintreten, daß eine schwache Persönlichkeit mit vollkommen gesunden sinnlichen Instinkten nur schwache geistige Instinkte hat. Dann wird sie zwar in bezug auf ihr Sinnenleben ihre eigene Individualität entfalten, aber die gedanklichen Antriebe ihres Handelns wird sie aus dem Herkommen entlehnen. Es kann eine Disharmonie beider Triebwelten entstehen. Die sinnlichen Triebe drängen zum Ausleben der eigenen Persönlichkeit, die geistigen Antriebe stehen in dem Banne einer äußeren Autorität. Das Geistesleben einer solchen Persönlichkeit wird von den sinnlichen, das sinnliche Leben von den geistigen Instinkten tyrannisiert. Denn beide Gewalten gehören nicht zusammen, sind nicht aus einer Wesenheit erwachsen. Zur wirklich freien Persönlichkeit gehört also nicht nur ein gesund entwickeltes individuelles sinnliches Triebleben, sondern auch die Fähigkeit, sich die gedanklichen Antriebe für das Leben zu schaffen. Erst derjenige Mensch ist vollkommen *frei*, der auch Gedanken produzieren kann, die zum Handeln führen. Ich habe das Vermögen, rein gedankliche Triebfedern des Handelns zu schaffen, in meiner Schrift «Die Philosophie der Freiheit» die «moralische Phantasie» genannt. Nur wer diese *moralische Phantasie* hat, ist wirklich frei, denn der Mensch muß nach *bewußten* Triebfedern handeln. Und wenn er solche nicht selbst produzieren kann, dann muß er sich dieselben von äußeren Autoritäten oder von dem in Form der Gewissensstimme in ihm sprechenden Herkommen geben lassen. Ein Mensch, der sich bloß seinen sinnlichen Instinkten überläßt, handelt *wie ein Tier;* ein Mensch, der seine sinnlichen Instinkte unter fremde Gedanken stellt, handelt *unfrei;* erst der Mensch, der sich selbst seine *mora-*

lischen Ziele schafft, handelt *frei*. Die moralische Phantasie fehlt in Nietzsches Ausführungen. Wer dessen Gedanken zu Ende denkt, muß notwendig auf diesen Begriff kommen. Aber andererseits ist es auch eine unbedingte Notwendigkeit, daß dieser Begriff der Nietzscheschen Weltanschauung eingefügt wird. Sonst könnte gegen dieselbe immerfort eingewendet werden: Zwar ist der dionysische Mensch kein Knecht des Herkommens oder des «jenseitigen Willens», aber er ist *ein Knecht seiner eigenen Instinkte.*

Nietzsche hat seinen Blick auf das Ursprüngliche, Eigenpersönliche im Menschen gerichtet. Er suchte dieses Eigenpersönliche herauszulösen aus dem Mantel des Unpersönlichen, in den es eine wirklichkeitsfeindliche Weltanschauung eingehüllt hat. Aber er ist nicht dazu gekommen, die Stufen des Lebens innerhalb der Persönlichkeit selbst zu unterscheiden. Er hat deshalb die Bedeutung des Bewußtseins für die menschliche Persönlichkeit unterschätzt. «Die Bewußtheit ist die letzte und späteste Entwickelung des Organischen und folglich auch das Unfertigste und Unkräftigste daran. Aus der Bewußtheit stammen unzählige Fehlgriffe, welche machen, daß ein Tier, ein Mensch zugrunde geht, früher als es nötig wäre, ‹über das Geschick›, wie Homer sagt. Wäre nicht der erhaltende Verband der Instinkte so überaus viel mächtiger, diente er nicht im ganzen als Regulator: an ihrem verkehrten Urteilen und Phantasieren mit offenen Augen, an ihrer Ungründlichkeit und Leichtgläubigkeit, kurz eben an ihrer Bewußtheit müßte die Menschheit zugrunde gehen», sagt Nietzsche. («Fröhliche Wissenschaft», § 11.)

Dies ist zwar durchaus zuzugeben; aber nicht minder wahr ist es, daß der Mensch nur insoweit *frei* ist, als er sich gedankliche Triebfedern seines Handelns *innerhalb des Bewußtseins* schaffen kann.

Die Betrachtung der gedanklichen Triebfedern führt aber noch weiter. Es ist eine Tatsache der Erfahrung, daß diese gedanklichen Triebfedern, die die Menschen aus sich heraus produzieren, bei den einzelnen Individuen doch bis zu einem gewissen Grade eine Übereinstimmung zeigen. Auch wenn der einzelne Mensch ganz frei aus sich heraus Gedanken schafft, so stimmen diese in gewisser Weise mit den Gedanken anderer Menschen überein. Daraus folgt für den Freien die Berechtigung, anzunehmen, daß die Harmonie in der menschlichen Gesellschaft von selbst eintritt, wenn sie aus souveränen Individuen besteht. Er kann diese Meinung dem Verteidiger der Unfreiheit gegenüberstellen, der glaubt, daß die Handlungen einer Mehrheit von Menschen nur zusammenstimmen, wenn sie durch eine äußere Gewalt nach einem gemeinsamen Ziele hingelenkt werden. Der freie Geist ist deshalb durchaus kein Anhänger jener Ansicht, welche die tierischen Triebe absolut frei walten lassen und alle gesetzlichen Ordnungen deshalb abschaffen will. Aber er verlangt absolute Freiheit für diejenigen, die nicht bloß ihren tierischen Instinkten folgen wollen, sondern die imstande sind, moralische Triebfedern, ihr eigenes *Gutes* und *Böses*, zu *schaffen.*

Nur wer Nietzsche nicht so weit durchdrungen hat, daß er die letzten Konsequenzen von dessen Weltanschauung zu ziehen vermag, trotzdem sie Nietzsche nicht selbst gezogen hat, kann in ihm einen Menschen sehen, der «mit einer gewissen stilistischen Wollust zu enthüllen den Mut gefunden hat, was bisher etwa im geheimsten Seelengrunde grandioser Verbrechertypen ... verborgen gelauert haben mag». (Ludwig Stein, «Friedrich Nietzsches Weltanschauung und ihre Gefahren», S. 5.) Noch immer ist die Durchschnittsbildung eines deutschen Professors nicht so weit, das Große einer Persönlichkeit von deren kleinen Irrtümern abzutrennen. Sonst könnte man es nicht erleben, daß die Kritik eines solchen Professors gerade gegen diese kleinen Irrtümer sich richtet. Ich denke, wahrhafte Bildung nimmt das Große einer Persönlichkeit auf und verbessert kleine Irrtümer oder denkt halbfertige Gedanken zu Ende.

30

Ich habe Nietzsches Ansichten vom Übermenschen so dargestellt, wie sie uns in seinen letzten Schriften: «Zarathustra» (1883–1884), «Jenseits von Gut und Böse» (1886), «Genealogie der Moral» (1887), «Der Fall Wagner» (1888), «Götzen-Dämmerung» (1889) entgegentreten. In dem unvollendet gebliebenen Werke: «Der Wille zur Macht, Versuch einer Umwertung aller Werte», dessen erster Teil «Antichrist» im achten Bande der Gesamtausgabe erschienen ist, hätten sie wohl ihren philosophisch prägnantesten Ausdruck gefunden. Aus der Disposition, die im Anhange zu dem erwähnten Band abgedruckt ist, ist das deutlich zu erkennen. Sie heißt: 1. *Der Antichrist.* Versuch einer Kritik des Christentums. 2. *Der freie Geist.* Kritik der Philosophie als einer nihilistischen Bewegung. 3. *Der Immoralist.* Kritik der verhängnisvollsten Art von Unwissenheit, der Moral. 4. *Dionysos.* Philosophie der ewigen Wiederkunft.

Nietzsche hat seine Gedanken nicht sogleich im Beginne seiner schriftstellerischen Laufbahn in der ihnen ureigensten Form zum Ausdruck gebracht. Er stand anfangs unter dem Einflusse des deutschen Idealismus, namentlich in der Form, in der ihn Schopenhauer und Richard Wagner vertreten haben. In Schopenhauerschen und Wagnerschen Formeln drückt er sich in seinen ersten Schriften aus. Wer aber durch dieses Formelwesen hindurch auf den Kern der Nietzscheschen Gedanken zu blicken vermag, der findet in diesen Schriften dieselben Absichten und Ziele, die in den späteren Werken zum Ausdruck kommen.

Man kann von Nietzsches Entwickelung nicht sprechen, ohne an den freiesten Denker erinnert zu werden, den die neuzeitliche Menschheit hervorgebracht hat, an *Max Stirner*. Es ist eine traurige Wahrheit, daß dieser Denker, der im vollsten Sinne dem entspricht, was Nietzsche von dem Übermenschen fordert, nur von wenigen erkannt und gewürdigt worden ist. Er hat bereits in den vierziger Jahren dieses Jahrhunderts Nietzsches Weltanschauung ausgesprochen. Allerdings nicht in solch gesättigten Herzenstönen wie Nietzsche, aber dafür in kristallklaren Gedanken, neben denen sich Nietzsches Aphorismen allerdings oft wie ein bloßes Stammeln ausnehmen.

Welchen Weg hätte Nietzsche genommen, wenn nicht Schopenhauer, sondern Max Stirner sein Erzieher geworden wäre! In Nietzsches Schriften ist keinerlei Einfluß Stirners zu bemerken. Aus eigener Kraft mußte sich Nietzsche aus dem deutschen Idealismus heraus zu einer der Stirnerschen gleichen Weltauffassung durchringen.

Stirner ist wie Nietzsche der Ansicht, daß die Triebkräfte des menschlichen Lebens nur in der einzelnen, *wirklichen* Persönlichkeit gesucht werden können. Er lehnt alle Gewalten ab, die die Einzelpersönlichkeit von außen formen, bestimmen wollen. Er verfolgt den Gang der Weltgeschichte und findet den Grundirrtum der bisherigen Menschheit darin, daß sie nicht die Pflege und Kultur der individuellen Persönlichkeit, sondern andere, unpersönliche Ziele und Zwecke sich vorsetzte. Er sieht die wahre Befreiung des Menschen darin, daß dieser allen solchen Zielen keine höhere Realität zugesteht, sondern sich dieser Ziele als Mittel zu seiner Selbstpflege bedient. Der freie

Mensch bestimmt sich seine Zwecke; er besitzt seine Ideale; er läßt sich nicht von ihnen besitzen. Der Mensch, der nicht als freie Persönlichkeit über seinen Idealen waltet, steht unter dem Einflusse derselben, wie der Irrsinnige, der an fixen Ideen leidet. Es ist für Stirner einerlei, ob sich der Mensch einbildet, der «König von China», oder ob «ein behaglicher Bürger sich einbildet, es sei seine Bestimmung, ein guter Christ, ein gläubiger Protestant, ein loyaler Bürger, ein tugendhafter Mensch usw. zu sein – das ist beides ein und dieselbe ‹fixe Idee›. Wer es nie versucht und gewagt hat, kein guter Christ, kein gläubiger Protestant, kein tugendhafter Mensch usw. zu sein, der ist in der Gläubigkeit, Tugendhaftigkeit usw. *gefangen* und befangen.»

Man braucht nur einige Sätze aus Stirners Buch: «Der Einzige und sein Eigentum» zu lesen, um zu sehen, wie verwandt seine Anschauung der Nietzscheschen ist. Ich führe einige Stellen aus diesem Buche an, die besonders bezeichnend für Stirners Denkweise sind.

«Vorchristliche und christliche Zeit verfolgen ein entgegengesetztes Ziel; jene will das Reale idealisieren, diese das Ideale realisieren, jene sucht den ‹heiligen Geist›, diese den ‹verklärten Leib›. Daher schließt jene mit der Unempfindlichkeit gegen das Reale, mit der ‹Weltverachtung›; diese wird mit der Abwerfung des Idealen, mit der ‹Geistesverachtung› enden ...

Wie der Zug der Heiligung oder Reinigung durch die alte Welt geht (die Waschungen und so weiter), so geht der der Verleiblichung durch die christliche: der Gott stürzt sich in diese Welt, wird Fleisch und will sie erlösen, das heißt mit sich erfüllen; da er aber ‹die Idee› oder ‹der

Geist› ist, so führt man (zum Beispiel Hegel) am Schlusse die Idee in alles, in die Welt, ein und beweist, ‹daß die Idee, daß Vernunft in allem sei›. Dem, was die heidnischen Stoiker als ‹den Weisen› aufstellten, entspricht in der heutigen Bildung ‹der Mensch›, jener wie dieser ein – *fleischloses* Wesen. Der unwirkliche ‹Weise›, dieser leiblose ‹Heilige›, der Stoiker, wurde eine wirkliche Person, ein leiblicher ‹Heiliger›, in dem *fleischgewordenen* Gotte; der unwirkliche ‹Mensch›, das leiblose Ich, wird wirklich werden im *leibhaftigen* Ich, in Mir ...

Daß der *Einzelne* für sich eine Weltgeschichte ist und an der übrigen Weltgeschichte sein Eigentum besitzt, das geht übers Christliche hinaus. Dem Christen ist die Weltgeschichte das Höhere, weil sie die Geschichte Christi oder ‹des Menschen› ist; dem Egoisten hat nur *seine* Geschichte Wert, weil er nur *sich* entwickeln will, nicht die Menschheits-Idee, nicht den Plan Gottes, nicht die Absichten der Vorsehung, nicht die Freiheit und dergleichen. Er sieht sich nicht für ein Werkzeug der Idee oder ein Gefäß Gottes an, er erkennt keinen Beruf an, er wähnt nicht, zur Fortentwickelung der Menschheit dazusein und sein Scherflein dazu beitragen zu müssen, sondern er lebt sich aus, unbesorgt darum, wie gut oder schlecht die Menschheit dabei fahre. Ließe es nicht das Mißverständnis zu, als sollte ein Naturzustand gepriesen werden, so könnte man an Lenaus ‹Drei Zigeuner› erinnern. – Was, bin Ich dazu in der Welt, um Ideen zu realisieren? Um etwa zur Verwirklichung der Idee ‹Staat› durch mein Bürgertum das Meinige zu tun, oder durch die Ehe, als Ehegatte und Vater, die Idee der Familie zu einem Dasein zu bringen? Was ficht Mich ein solcher Beruf an! Ich lebe so wenig nach einem Berufe, als die Blume nach einem Berufe wächst und duftet.

Das Ideal ‹der Mensch› ist *realisiert*, wenn die christliche Anschauung umschlägt in den Satz: ‹Ich, dieser Einzige, bin der Mensch.› Die Begriffsfrage: ‹was ist der Mensch?› – hat sich dann in die persönliche umgesetzt: ‹wer ist der Mensch?› Bei ‹was› suchte man den Begriff, um ihn zu realisieren; bei ‹wer› ist's überhaupt keine Frage mehr, sondern die Antwort im Fragenden gleich persönlich vorhanden: die Frage beantwortet sich von selbst.

Man sagt von Gott: ‹Namen nennen Dich nicht.› Das gilt von Mir: kein *Begriff* drückt Mich aus, nichts, was man als mein Wesen angibt, erschöpft Mich; es sind nur Namen. Gleichfalls sagt man von Gott, er sei vollkommen und habe keinen Beruf, nach Vollkommenheit zu streben. Auch das gilt allein von Mir.

Eigner bin Ich meiner Gewalt, und Ich bin es dann, wenn Ich Mich als *Einzigen* weiß. Im *Einzigen* kehrt selbst der Eigner in sein schöpferisches Nichts zurück, aus welchem er geboren wird. Jedes höhere Wesen über Mir, sei es Gott, sei es der Mensch, schwächt das Gefühl meiner Einzigkeit und erbleicht erst vor der Sonne dieses Bewußtseins: Stell' Ich auf Mich, den Einzigen, meine Sache, dann steht sie auf dem vergänglichen, dem sterblichen Schöpfer seiner, der sich selbst verzehrt, und Ich darf sagen:

‹Ich hab' mein' Sach' auf nichts gestellt.›»

Dieser auf sich selbst gestellte, nur aus sich heraus schaffende *Eigner* ist Nietzsches *Übermensch*.

Diese Stirnerschen Gedanken wären das geeignete Gefäß gewesen, in das Nietzsche sein reiches Empfindungsleben hätte gießen können. Statt dessen suchte er in Schopenhauers Begriffswelt die Leiter, auf der er zu seiner Gedankenwelt hinaufkletterte.

Aus zwei Wurzeln stammt, nach Schopenhauers Meinung, unsere gesamte Welterkenntnis. Aus dem Vorstellungsleben und aus der Wahrnehmung des Willens, der in uns selbst als Handelnder auftritt. Das «Ding an sich» liegt jenseits der Welt unserer Vorstellung. Denn die Vorstellung ist nur die Wirkung, die das «Ding an sich» auf mein Erkenntnisorgan ausübt. Nur die Eindrücke kenne ich, die die Dinge auf mich machen, nicht die Dinge selbst. Und diese Eindrücke sind eben meine Vorstellungen. Ich kenne keine Sonne und keine Erde, sondern nur ein Auge, das eine Sonne sieht, und eine Hand, die eine Erde fühlt. Der Mensch weiß nur: «daß die Welt, welche ihn umgibt, nur als Vorstellung da ist, das heißt durchweg nur in Beziehung auf ein anderes, das Vorstellende, welches er selbst ist». (Schopenhauer, «Welt als Wille und Vorstellung», § 1.) Aber der Mensch stellt die Welt nicht bloß vor, sondern er *wirkt* auch in ihr; er wird sich seines Willens bewußt, und er erfährt, daß dasjenige, welches er in sich als *Wille* empfindet, von außen als Bewegung seines Leibes wahrgenommen werden kann, das heißt der Mensch nimmt sein eigenes Wirken doppelt wahr, von innen als *Vorstellung*, von außen als *Wille*. Schopenhauer schließt daraus, daß es der Wille selbst ist, der in der wahrgenommenen Leibesaktion als Vorstellung erscheint. Und er behauptet dann weiter, daß nicht nur der Vorstellung des eigenen Leibes und seiner Bewegungen ein Wille zugrunde liege, sondern daß dies auch bei allen übrigen Vorstellungen der Fall sei. Die ganze Welt ist also, nach Schopenhauers Ansicht, dem Wesen nach Wille und erscheint unserem Intellekt als Vorstellung. Dieser Wille, behauptet Schopenhauer weiter, ist in allen Dingen ein einheitlicher. Nur unser Intellekt verursacht, daß wir eine Mehrheit von besonderen Dingen wahrnehmen.

Durch seinen Willen hängt der Mensch, nach dieser Anschauung, mit dem einheitlichen Weltwesen zusammen. Insofern der Mensch wirkt, wirkt in ihm der einheitliche Urwille. Als einzelne, besondere Persönlichkeit existiert der Mensch nur in seiner eigenen Vorstellung; im Wesen ist er identisch mit dem einheitlichen Weltengrunde.

Nehmen wir an, daß in Nietzsche, als er die Schopenhauersche Philosophie kennen lernte, schon der Gedanke des Übermenschen unbewußt, instinktiv vorhanden war, so konnte ihn diese Willenslehre allerdings nur sympathisch berühren. In dem menschlichen Willen war ihm ein Element gegeben, das den Menschen unmittelbar an der Schöpfung des Weltinhaltes teilnehmen ließ. Als Wollender ist der Mensch nicht bloß ein außerhalb des Weltinhaltes stehender Zuschauer, der sich Bilder des Wirklichen macht, sondern er ist selbst ein *Schaffender*. In ihm waltet die göttliche Kraft, über die hinaus es keine andere gibt.

32

Aus diesen Anschauungen heraus bildeten sich bei Nietzsche die beiden Ideen von der *apollinischen* und der *dionysischen* Weltbetrachtung. Sie wendete er auf das griechische Kunstleben an, das er demgemäß aus zwei Wurzeln entstehen ließ: aus einer Kunst des Vorstellens und einer Kunst des Wollens. Wenn der Vorstellende seine Vorstellungswelt idealisiert und seine idealisierten Vorstellungen in Kunstwerken verkörpert, so entsteht die *apollinische Kunst*. Er verleiht den einzelnen Vorstellungsobjekten dadurch, daß er ihnen die *Schönheit* einprägt, den Schein des Ewigen. Aber er bleibt innerhalb der Vorstellungswelt stehen. Der *dionysische Künstler* sucht nicht nur in seinen Kunstwerken die Schönheit auszudrücken, sondern er ahmt selbst das schöpferische Wirken des Weltwillens nach. Er sucht in seinen eigenen Bewegungen den Weltgeist abzubilden. Er macht sich zur sichtbaren Verkörperung des Willens. Er wird selbst Kunstwerk. «Singend und tanzend äußert sich der Mensch als Mitglied einer höheren Gemeinsamkeit: er hat das Gehen und Sprechen verlernt und ist auf dem Wege, tanzend in die Lüfte emporzufliegen. Aus seinen Gebärden spricht die Verzauberung.» («Geburt der Tragödie», § 1.) In diesem Zustande vergißt der Mensch sich selbst, er fühlt sich nicht mehr als Individuum, er läßt in sich den allgemeinen Weltwillen walten. In dieser Weise deutet Nietzsche die Feste, die zu Ehren des Gottes Dionysus durch die Dionysusdiener veranstaltet wurden. In dem Dionysusdiener sieht Nietzsche das Urbild des dionysischen Künstlers. Nun stellt er sich vor, daß die älteste dramatische Kunst der Griechen dadurch entstanden ist, daß eine höhere Vereinigung des Dionysischen mit dem Apollinischen sich vollzogen hat. Auf diese Weise erklärt er den Ursprung der ersten griechischen Tragödie. Er nimmt an, daß die Tragödie aus dem tragischen Chore entstanden ist. Der dionysische Mensch wird zum Zuschauer, zum Betrachter eines Bildes, das ihn selbst darstellt. Der *Chor* ist die Selbstspiegelung eines dionysisch erregten Menschen, das heißt der dionysische Mensch sieht seine dionysische Erregung durch ein apollinisches Kunstwerk abgebildet. Die Darstellung des Dionysischen im apollinischen Bilde ist die primitive *Tragödie*. Voraussetzung einer solchen Tragödie ist, daß in ihrem Schöpfer ein lebendiges Bewußtsein von dem Zusammenhang des Menschen mit den Urgewalten der Welt vorhanden ist. Ein solches Bewußtsein spricht sich als Mythus aus. Das Mythische muß der Gegenstand der ältesten Tragödie sein. Tritt nun in der Entwickelung eines Volkes der Zeitpunkt ein, wo der zersetzende Verstand das lebendige Gefühl für den Mythus zerstört, so ist der Tod des Tragischen die notwendige Folge.

33

In der Entwickelung des Griechentums trat, nach Nietzsches Meinung, mit Sokrates dieser Zeitpunkt ein. Sokrates war ein Feind alles instinktiven, mit den Naturgewalten im Bunde stehenden Lebens. Er ließ nur dasjenige gelten, was der Verstand denkend zu beweisen vermag, was lehrbar ist. Damit war dem Mythus der Krieg erklärt. Und der von Nietzsche als Schüler des Sokrates bezeichnete Euripides zerstörte die Tragödie, weil sein Schaffen nicht mehr, wie das des Äschylos, aus den dionysischen Instinkten, sondern aus dem kritischen Verstande entsprang. Statt der Nachbildung der Willensbewegungen des Weltgeistes findet sich bei Euripides die *verständige* Verknüpfung einzelner Vorgänge innerhalb der tragischen Handlung.

Ich frage nicht nach der historischen Rechtfertigung dieser Nietzscheschen Ideen. Er ist ihretwegen von einem klassischen Philologen scharf angegriffen worden. Nietzsches Beschreibung der griechischen Kultur läßt sich vergleichen mit der Schilderung, die ein Mensch von einer Landschaft gibt, die er von dem Gipfel eines Berges aus betrachtet; eine philologische Darstellung mit einer Beschreibung, die der Wanderer gibt, der jedes einzelne Fleckchen besucht. Von dem Berge aus verschiebt sich manches eben nach den Gesetzen der Optik.

34

Was hier in Betracht kommt, ist die Frage: was für eine Aufgabe stellte sich Nietzsche in seiner «Geburt der Tragödie»? Nietzsche ist der Ansicht, daß die älteren Griechen die Leiden des Daseins sehr gut gekannt haben. «Es geht die alte Sage, daß König Midas lange Zeit nach dem weisen *Silen*, dem Begleiter des Dionysus, im Walde gejagt habe, ohne ihn zu fangen. Als er ihm endlich in die Hände gefallen ist, fragt der König, was für den Menschen das Allerbeste und Allervorzüglichste sei. Starr und unbeweglich schweigt der Dämon, bis er, durch den König gezwungen, endlich unter gellem Lachen in diese Worte ausbricht: ‹Elendes Eintagsgeschlecht, des Zufalls Kinder und der Mühsal, was zwingst du mich, dir zu sagen, was nicht zu hören für dich das Ersprießlichste ist? Das allerbeste ist für dich gänzlich unerreichbar: nicht geboren zu sein, nicht zu *sein*, *nichts* zu sein. Das zweitbeste aber ist für dich – bald zu sterben.›» («Geburt der Tragödie», § 3.) In dieser Sage findet Nietzsche eine Grundempfindung der Griechen ausgedrückt. Er hält es für eine Oberflächlichkeit, wenn man die Griechen als das beständig heitere, kindlich tändelnde Volk hinstellt. Aus der tragischen Grundempfindung heraus mußte den Griechen der Drang entstehen, etwas zu schaffen, wodurch das Dasein erträglich wird. Sie suchten nach einer Rechtfertigung des Daseins – und fanden diese in ihrer Götterwelt und in der Kunst. Nur durch das Gegenbild der olympischen Götter und der Kunst wurde den Griechen die rauhe Wirklichkeit erträglich. Die Grundfrage in der «Geburt der Tragödie» ist also für Nietzsche: Inwiefern ist die griechische Kunst lebenfördernd, lebenerhaltend gewesen? Nietzsches Grundinstinkt macht sich somit in bezug auf die Kunst als lebenfördernde Macht schon in diesem ersten Werke geltend.

35

Noch ein anderer Grundinstinkt Nietzsches ist in diesem Werke schon zu beobachten. Es ist die Abneigung gegen die bloß logischen Geister, deren Persönlichkeit vollständig unter der Herrschaft ihres Verstandes steht. Aus dieser Abneigung stammt Nietzsches Meinung, daß der *sokratische* Geist der Zerstörer der griechischen Kultur ist. Das Logische gilt Nietzsche nur als eine Form, in der sich die Persönlichkeit äußert. Wenn zu dieser Form nicht noch andere Äußerungsweisen treten, so erscheint die Persönlichkeit als Krüppel, als Organismus, an dem notwendige Organe verstümmelt sind. Weil Nietzsche in Kants Schriften nur den grübelnden Verstand entdecken konnte, nennt er Kant einen «verwachsenen Begriffskrüppel». Nur wenn die Logik der Ausdruck für die tieferen Grundinstinkte einer Persönlichkeit ist, läßt sie Nietzsche gelten. Sie muß ein Ausfluß des *Über-Logischen* in der Persönlichkeit sein. Nietzsche hat an der Ablehnung des sokratischen Geistes immer festgehalten. Wir lesen in der «Götzen-Dämmerung»: «Mit Sokrates schlägt der griechische Geschmack zu Gunsten der Dialektik um: was geschieht da eigentlich? Vor allem wird ein *vornehmer* Geschmack besiegt; der Pöbel kommt mit der Dialektik oben auf. Vor Sokrates lehnte man in der guten Gesellschaft die dialektischen Manieren ab: sie galten als schlechte Manieren, sie stellten bloß.» («Problem des Sokrates», § 5.) Wo nicht kräftige Grundinstinkte für eine Sache sprechen, da tritt der beweisende Verstand ein und sucht sie durch Advokatenkünste zu stützen.

36

Einen Erneuerer des dionysischen Geistes glaubte Nietzsche in Richard Wagner zu erkennen. Er hat aus diesem Glauben heraus die vierte seiner «Unzeitgemäßen Betrachtungen»: «Richard Wagner in Bayreuth», 1876, geschrieben. Er hielt in dieser Zeit noch an der Deutung des dionysischen Geistes fest, die er sich in Gemäßheit der Schopenhauerschen Philosophie gebildet hatte. Er glaubte noch, daß die Wirklichkeit nur menschliche Vorstellung sei und jenseits dieser Vorstellungswelt das Wesen der Dinge in Form des *Urwillens* liege. Und der *schaffende* dionysische Geist war ihm noch nicht der aus sich heraus schaffende, sondern der sich selbst vergessende, in dem Urwollen aufgehende Mensch. Bilder des waltenden Urwillens, von einem an diesen Urwillen hingegebenen dionysischen Geiste geschaffen, waren ihm Wagners Musikdramen.

Und da Schopenhauer in der Musik ein unmittelbares Abbild des Willens sah, so glaubte auch Nietzsche in der

Musik das beste Ausdrucksmittel für einen dionysisch schaffenden Geist sehen zu sollen. Die *Sprache* der zivilisierten Völker schien ihm *erkrankt*. Sie kann nicht mehr der schlichte Ausdruck der Gefühle sein, denn die Worte mußten allmählich immer mehr dazu verwendet werden, der Ausdruck für die zunehmende Verstandesbildung der Menschen zu werden. Dadurch aber ist die Bedeutung der Worte abstrakt, arm geworden. Sie können nicht mehr ausdrücken, was der aus dem Urwillen heraus schaffende dionysische Geist empfindet. Dieser kann daher in dem Wortdrama sich nicht mehr aussprechen. Er muß andere Ausdrucksmittel, vor allem die Musik, aber auch die anderen Künste zu Hilfe rufen. Der dionysische Geist wird zum *dithyrambischen Dramatiker*, «diesen Begriff so voll genommen, daß er zugleich den Schauspieler, Dichter, Musiker umfaßt». «Wie man sich nun auch die Entwickelung des Urdramatikers vorstellen möge, in seiner Reife und Vollendung ist er ein Gebilde ohne jede Hemmung und Lücke: der eigentlich freie Künstler, der gar nicht anders kann, als in allen Künsten zugleich denken, der Mittler und Versöhner zwischen scheinbar getrennten Sphären, der Wiederhersteller einer Ein- und Gesamtheit des künstlerischen Vermögens, welches gar nicht erraten und erschlossen, sondern nur durch die Tat gezeigt werden kann.» («Richard Wagner in Bayreuth», § 7.) Als dionysischen Geist verehrte Nietzsche Richard Wagner. Und nur in dem von Nietzsche in der eben genannten Schrift angegebenen Sinne kann Wagner als dionysischer Geist bezeichnet werden. Seine Instinkte sind auf das Jenseits gerichtet; er will die Stimme des Jenseits durch seine Musik erklingen lassen. Ich habe bereits (S. 84f.) darauf hingewiesen, daß sich Nietzsche später selbst fand und imstande war, seine auf das Diesseits gerichteten Instinkte in ihrer Eigenart zu erkennen. Er hatte ursprünglich die Wagnersche Kunst mißverstanden, weil er sich selbst mißverstanden hatte, weil er seine Instinkte durch die Schopenhauersche Philosophie hatte tyrannisieren lassen. Wie ein Krankheitsprozeß erschien ihm später diese Unterordnung seiner Instinkte unter eine fremde Geistesmacht. Er fand, daß er auf seine Instinkte nicht gehört hatte und sich durch eine ihm unangemessene Meinung hatte verführen lassen, eine Kunst auf diese Instinkte wirken zu lassen, die ihnen nur zum Nachteil gereichen konnte, die sie krank machen mußte.

37

Nietzsche hat den Einfluß, den die seinen Grundtrieben widersprechende Schopenhauersche Philosophie auf ihn genommen, selbst geschildert in seiner dritten «Unzeitgemäßen Betrachtung», «Schopenhauer als Erzieher» (1874), zu einer Zeit, als er noch an diese Philosophie glaubte. Nietzsche suchte einen Erzieher. Der rechte Erzieher kann nur der sein, der auf den zu Erziehenden so wirkt, daß dessen innerster Wesenskern sich aus der Persönlichkeit heraus entwickelt. Auf jeden Menschen wirkt seine Zeit mit ihren Kulturmitteln ein. Er nimmt auf, was die Zeit an Bildungsstoff bietet. Aber es frägt sich, wie er sich inmitten dieses von außen auf ihn Eindringenden selbst finden kann; wie er das aus sich herausspinnen kann, was *er* und *nur er* und kein anderer sein kann. «Der Mensch, welcher nicht zur Masse gehören will, braucht nur aufzuhören, gegen sich bequem zu sein; er folge seinem Gewissen, welches ihm zuruft: ‹sei du selbst! Das bis du alles nicht, was du jetzt tust, meinst, begehrst›», so spricht der Mensch zu sich, der eines Tages findet, daß er sich immer nur damit begnügt hat, Bildungsstoff von außen aufzunehmen. («Schopenhauer als Erzieher», § 1.) Nietzsche fand sich selbst, wenn auch zunächst noch nicht in seiner ihm ureigensten Gestalt, durch das Studium der Schopenhauerschen Philosophie. Nietzsche strebte unbewußt danach, *einfach* und *ehrlich* seinen Grundtrieben gemäß sich auszusprechen. Er fand um sich nur Menschen, die in den Bildungsformeln der Zeit sich ausdrückten, die ihr eigenes Wesen durch diese Formeln verhüllten. In Schopenhauer fand Nietzsche aber einen Menschen, der den Mut hatte, seine persönlichen Empfindungen der Welt gegenüber zum Inhalte seiner Philosophie zu machen: «Das kräftige Wohlgefühl des Sprechenden» umfing Nietzsche beim ersten Lesen von Schopenhauers Sätzen. «Hier ist eine immer gleichartige stärkende Luft, so fühlen wir; hier ist eine gewisse unnachahmliche Unbefangenheit und Natürlichkeit, wie sie Menschen haben, die in sich zu Hause und zwar in einem sehr reichen Hause Herren sind: im Gegensatze zu den Schriftstellern, welche sich selbst am meisten wundern, wenn sie einmal geistreich waren, und deren Vortrag dadurch etwas Unruhiges und Naturwidriges bekommt.» «Schopenhauer redet mit sich: oder wenn man sich durchaus einen Zuhörer denken will, so denke man sich den Sohn, welchen der Vater unterweist. Es ist ein redliches, derbes, gutmütiges Aussprechen, vor einem Hörer, der mit Liebe hört.» («Schopenhauer», § 2.) Daß er einen Menschen, der sich seinen innersten Instinkten gemäß ausspricht, reden hörte, das war es, was Nietzsche zu Schopenhauer hinzog.

Nietzsche sah in Schopenhauer eine *starke* Persönlichkeit, die nicht durch die Philosophie in einen bloßen Verstandesmenschen umgewandelt wird, sondern die das Logische nur zum Ausdrucke des Überlogischen, des Instinktiven in sich macht. «Die Sehnsucht nach starker Natur, nach gesunder und einfacher Menschheit war bei ihm eine *Sehnsucht nach sich selbst**; und sobald er die Zeit in sich besiegt hatte, mußte er auch, mit erstauntem Auge, den Genius in sich erblicken.» («Schopenhauer», § 3.) In Nietzsches Geist arbeitete schon damals das Streben nach der Idee des Übermenschen, der sich selbst sucht, als den Sinn seines Daseins, und einen solchen Suchenden fand er in Schopenhauer. In solchen Menschen sieht er den Zweck, und zwar den einzigen Zweck des Weltdaseins erreicht; die Natur scheint ihm an einem Ziele angekommen zu sein, wenn sie einen solchen Menschen hervorgebracht hat. «Die Natur, die nie springt, macht [hier] ihren einzigen Sprung, und zwar einen Freudensprung, denn sie fühlt sich zum erstenmal am Ziele, dort nämlich, *wo sie begreift, daß sie verlernen müsse, Ziele zu haben**.» («Schopenhauer», § 5.) In diesem Satze liegt der Keim zur Konzeption des Übermenschen. Nietzsche wollte, als er diesen Satz niederschrieb, schon genau dasselbe, was er später mit seinem Zarathustra wollte; aber ihm fehlte noch die Kraft, dieses Wollen in einer eigenen Sprache auszusprechen. Er sah schon, als er sein Schopenhauerbuch schrieb, den Grundgedanken der *Kultur* in der Erzeugung des Übermenschen.

* Vom Verfasser hervorgehoben.

38

In der Entwickelung der persönlichen Instinkte der Einzelmenschen sieht also Nietzsche das Ziel aller menschlichen Entwickelung. Was dieser Entwickelung entgegenarbeitet, erscheint ihm als die eigentlichste Versündigung an der Menschheit. Es gibt aber etwas im Menschen, das auf ganz natürliche Weise seiner freien Entwickelung widerstrebt. Der Mensch läßt sich nicht allein durch die in jedem einzelnen Augenblicke in ihm tätigen Triebe bestimmen, sondern auch durch alles das, was in seinem *Gedächtnisse* sich angesammelt hat. Der Mensch erinnert sich an seine eigenen Erlebnisse, er sucht sich ein Bewußtsein der Erlebnisse seines Volkes, Stammes, ja der ganzen Menschheit durch den Betrieb der Geschichte zu verschaffen. Der Mensch ist ein *historisches* Wesen. Die Tiere leben unhistorisch; sie folgen den Trieben, die in dem einzelnen Augenblicke in ihnen wirken. Der Mensch läßt sich durch seine Vergangenheit bestimmen. Wenn er irgend etwas unternehmen will, frägt er sich: welche Erfahrungen habe ich oder ein anderer mit einem ähnlichen Unternehmen schon gemacht? Der Antrieb zu einer Handlung kann durch die Erinnerung an ein Erlebnis vollständig abgetötet werden. Für Nietzsche entsteht aus der Beobachtung dieser Tatsache die Frage: inwiefern wirkt das Erinnerungsvermögen des Menschen auf sein Leben fördernd, und inwiefern wirkt es nachteilig ein? Die Erinnerung, die auch Dinge zu umfassen sucht, die der Mensch nicht selbst erlebt hat, lebt als historischer Sinn, als Studium des Vergangenen in dem Menschen. Nietzsche fragt: inwiefern wirkt der historische Sinn lebenfördernd? Die Antwort auf diese Frage sucht er zu geben in seiner zweiten «Unzeitgemäßen Betrachtung»: «Vom Nutzen und Nachteil der Historie für das Leben» (1874). Die Veranlassung zu dieser Schrift war Nietzsches Wahrnehmung, daß der *historische Sinn* bei seinen Zeitgenossen, namentlich bei den Gelehrten unter denselben, ein hervorstechendes Charaktermerkmal geworden war. Die Vertiefung in die Vergangenheit fand Nietzsche überall gepriesen. Nur durch Erkenntnis der Vergangenheit soll der Mensch imstande sein, zu unterscheiden, was ihm möglich, was ihm unmöglich ist: dieses Glaubensbekenntnis drang ihm in die Ohren. Nur wer weiß, wie sich ein Volk entwickelt hat, kann ermessen, was für seine Zukunft förderlich ist: diesen Ruf hörte Nietzsche. Ja selbst die Philosophen wollten nicht mehr Neues erdenken, sondern lieber die Gedanken ihrer Vorfahren studieren. Dieser historische Sinn wirkt lähmend auf das *gegenwärtige Schaffen*. Wer bei jedem Impuls, der sich in ihm regt, erst zu bestimmen sucht, wozu ein ähnlicher Impuls in der Vergangenheit geführt hat, in dem erschlaffen die Kräfte, bevor sie gewirkt haben. «Denkt euch das äußerste Beispiel, einen Menschen, der die Kraft zu vergessen gar nicht besäße, der verurteilt wäre, überall ein Werden zu sehen: ein solcher glaubt nicht mehr an sein eigenes Sein, glaubt nicht mehr an sich, sieht alles in bewegte Punkte auseinanderfließen und verliert sich in diesem Strome des Werdens ... Zu allem Handeln gehört Vergessen: wie zum Leben alles Organischen nicht nur Licht, sondern auch Dunkel gehört. Ein Mensch, der durch und durch nur historisch empfinden wollte, wäre dem ähnlich, der sich des Schlafens zu enthalten gezwungen würde, oder dem Tiere, das nur vom Wiederkäuen und immer wiederholtem Wiederkäuen fortleben sollte.» («Historie», § 1.) Nietzsche ist der Meinung, daß der Mensch nur so viel Geschichte vertragen kann, als dem Maße seiner schöpferischen Kräfte entspricht. Die starke Persönlichkeit führt ihre Intentionen aus, *trotzdem* sie sich an die Erlebnisse der Vergangenheit erinnert, ja sie wird vielleicht gerade durch die Erinnerung an diese Erlebnisse eine Stärkung ihrer Kraft erfahren. Die Kräfte des schwachen Menschen aber werden durch den historischen Sinn ausgelöscht. Um den Grad zu bestimmen und durch ihn dann die Grenze, «an der das Vergangene vergessen werden muß, wenn es nicht zum Totengräber des Gegenwärtigen werden soll, müßte man genau wissen, wie groß die *plastische Kraft* eines Menschen, eines Volkes, einer Kultur ist; ich meine jene Kraft, aus sich heraus *eigenartig zu wachsen**, Vergangenes und Fremdes umzubilden und einzuverleiben». («Historie», § 1.)

Nietzsche ist der Ansicht, daß das Historische nur insofern gepflegt werden soll, als es für die Gesundheit eines Einzelnen, eines Volkes oder einer Kultur nötig ist. Worauf es ihm ankommt, ist: «besser lernen, Historie zum Zwecke des *Lebens* zu treiben!» («Historie», § 1.) Er spricht dem Menschen das Recht zu, die Geschichte so zu treiben, daß sie möglichst zur Förderung der Antriebe einer bestimmten Gegenwart wirkt. Von diesem Gesichtspunkte aus ist er ein Gegner jener Geschichtsbetrachtung, die nur in der «historischen Objektivität» ihr Heil sucht, die nur sehen und erzählen will, wie es in der Vergangenheit «tatsächlich» zugegangen ist, die nur «die ‹reine folgenlose› Erkenntnis oder, deutlicher, die Wahrheit, bei der nichts

* Vom Verfasser hervorgehoben.

herauskommt», sucht. («Historie», § 6.) Eine solche Betrachtung kann nur aus einer *schwachen* Persönlichkeit entspringen, deren Empfindungen nicht flut- und ebbeartig auf- und abwogen, wenn sie den Strom der Ereignisse an sich vorübergehen sieht. Eine solche Persönlichkeit «ist zum nachtönenden Passivum geworden, das durch sein Ertönen wieder auf andre derartige Passiva wirkt: bis endlich die ganze Luft einer Zeit von solchen durcheinander schwirrenden zarten und verwandten Nachklängen erfüllt ist». («Historie», § 6.) Daß aber eine solche schwache Persönlichkeit wirklich die Kräfte nachempfinden kann, die in den Menschen der Vergangenheit gewaltet haben, glaubt Nietzsche nicht: «Doch scheint es mir, daß man gleichsam nur die Obertöne jedes originalen geschichtlichen Haupttons vernimmt: das Derbe und Mächtige des Originals ist aus dem sphärisch-dünnen und spitzen Saitenklange nicht mehr zu erraten. Dafür weckte der Originalton meistens Taten, Nöte, Schrecken, dieser lullt uns ein und macht uns zu weichlichen Genießern; es ist, als ob man die heroische Symphonie für zwei Flöten eingerichtet und zum Gebrauch von träumenden Opiumrauchern bestimmt habe.» («Historie», § 6.) Nur der kann die Vergangenheit wirklich verstehen, der auch in der Gegenwart machtvoll lebt, der kräftige Instinkte hat, durch die er die Instinkte der Vorfahren erraten und erschließen kann. Dieser kümmert sich weniger um das Tatsächliche, als um das, was aus den Tatsachen sich erraten läßt. «Es wäre eine Geschichtsschreibung zu denken, die keinen Tropfen der gemeinen empirischen Wahrheit in sich hat und doch im höchsten Grade auf das Prädikat der Objektivität Anspruch machen dürfte.» («Historie», § 6.) Der Meister einer solchen Geschichtsschreibung wäre der, der überall in den historischen Personen und Ereignissen das aufsuchte, was hinter dem bloß Tatsächlichen steckt. Dazu muß er aber ein mächtiges Eigenleben führen, denn Instinkte und Triebe kann man unmittelbar nur an der eigenen Person beobachten. «*Nur aus der höchsten Kraft der Gegenwart dürft ihr das Vergangne deuten:* nur in der stärksten Anspannung eurer edelsten Eigenschaften werdet ihr erraten, was in dem Vergangnen wissens- und bewahrungswürdig und groß ist. Gleiches durch Gleiches! Sonst zieht ihr das Vergangne zu euch nieder.» «Also: Geschichte schreibt der Erfahrene und Überlegene. Wer nicht einiges größer und höher erlebt hat als alle, wird auch nichts Großes und Hohes aus der Vergangenheit zu deuten wissen.» («Historie», § 6.)

Dem Überhandnehmen des historischen Sinnes in der Gegenwart gegenüber macht Nietzsche geltend, «daß der Mensch vor allem zu *leben* lerne, und nur *im Dienste des erlernten Lebens* die Historie gebrauche». («Historie», § 10.) Er will vor allen Dingen eine «*Gesundheitslehre des Lebens*», und die Historie soll nur insoweit getrieben werden, als sie einer solchen Gesundheitslehre förderlich ist.

Was ist an der Geschichtsbetrachtung *lebenfördernd?* Diese Frage stellt Nietzsche in seiner «Historie», und er steht damit bereits auf dem Boden, den er in dem S. 20f. angeführten Satz aus «Jenseits von Gut und Böse» bezeichnet.

39

In besonders starkem Grade wirkt der gesunden Entwickelung der Eigenpersönlichkeit jene Gesinnung entgegen, die in dem bürgerlichen Philister zur Erscheinung kommt. Ein Philister ist der Gegensatz zu einem Menschen, der in dem freien Ausleben seiner Anlagen Befriedigung findet. Der Philister will dieses Ausleben nur insoweit gelten lassen, als es einem gewissen Durchschnittsmaß der menschlichen Begabung entspricht. So lange der Philister innerhalb seiner Grenzen bleibt, ist gegen ihn nichts einzuwenden. Wer ein Durchschnittsmensch bleiben will, der hat das mit sich abzumachen. Nietzsche fand unter seinen Zeitgenossen solche, die ihre philisterhafte Gesinnung zur Normalgesinnung für alle Menschen machen wollten, die ihre Philisterhaftigkeit als das einzige, wahre Menschentum ansahen. Zu ihnen rechnet er Dav. Friedr. Strauß, den Ästhetiker Friedr. Theodor Vischer und andere. Vischer, glaubt er, habe das Philisterbekenntnis unumwunden abgelegt in einer Rede, die er zum Andenken Hölderlins gehalten hat. Er sieht es in den Worten: «Er (Hölderlin) war eine der unbewaffneten Seelen, er war der Werther Griechenlands, ein hoffnungslos Verliebter; es war ein Leben voll Weichheit und Sehnsucht, aber auch Kraft und Inhalt war in seinem Willen, und Größe, Fülle und Leben in seinem Stil, der da und dort sogar an Äschylus gemahnt. Nur hatte sein Geist zu wenig vom Harten; es fehlte ihm als Waffe der Humor; *er konnte es nicht ertragen, daß man noch kein Barbar ist, wenn man ein Philister ist.*» («David Strauß», § 2.) Der Philister will hervorragenden Menschen nicht geradezu die Existenzberechtigung absprechen; aber er meint: sie gehen an der Wirklichkeit zugrunde, wenn sie sich nicht abzufinden wissen mit den Einrichtungen, die der Durchschnittsmensch seinen Bedürfnissen entsprechend geschaffen hat. Diese Einrichtungen seien einmal das Einzige, was wirklich, was vernünftig ist, und in sie müsse sich auch der große Mensch fügen. Aus dieser Philistergesinnung heraus hat David Strauß sein Buch «Der alte und der neue Glaube» geschrieben. Gegen dieses Buch oder vielmehr gegen die in ihm zum Ausdruck gekommene Gesinnung wendet sich die erste der Nietzscheschen «Unzeitgemäßen Betrachtungen»: «David Strauß, der Bekenner und der Schriftsteller» (1873). Der Eindruck der neueren naturwissenschaftlichen Errungenschaften auf den Philister ist ein solcher, daß er sagt: «Der christliche Ausblick auf ein unsterbliches, himmlisches Leben ist, samt den anderen Tröstungen [der christlichen Religion], unrettbar dahingefallen.» («David Strauß», § 4.) Er will sich das Leben auf der Erde gemäß den Vorstellungen der Naturwissenschaft behaglich, das heißt so behaglich, wie es dem Philister entspricht, einrichten. Nun zeigt der Philister, wie man glücklich und zufrieden sein kann, trotzdem man weiß, daß kein höherer Geist über den Sternen waltet, sondern die starren, gefühllosen Kräfte der Natur über alles Weltgeschehen herrschen. «Wir haben während der letzten Jahre lebendigen Anteil genommen an dem großen nationalen Krieg und der Aufrichtung des deutschen Staates, und wir finden uns durch diese so unerwartete als herrliche Wendung der Geschicke unsrer vielgeprüften Nation im Innersten erhoben. Dem Verständnis dieser Dinge helfen wir durch geschichtliche Studien nach, die jetzt mittels einer Reihe anziehend und volkstümlich geschriebener Geschichtswerke auch dem Nichtgelehrten leicht gemacht sind; dabei suchen wir unsere Naturerkenntnisse zu erweitern, wozu es an gemeinverständlichen Hilfsmitteln gleichfalls nicht fehlt; und endlich finden wir in den Schriften unsrer großen Dichter, bei den Aufführungen der Werke unsrer großen Musiker eine Anregung für Geist und Gemüt, für Phantasie und Humor, die nichts zu wünschen übrig läßt. So leben wir, so wandeln wir beglückt.» (Strauß, «Der alte und neue Glaube», § 88.)

Es ist das Evangelium des trivialsten Lebensgenusses, das aus diesen Worten spricht. Alles, was über das Triviale hinausgeht, nennt der Philister ungesund. Strauß sagt von der «Neunten Symphonie» Beethovens, daß diese nur bei denen beliebt sei, welchen «das Barocke als das Geniale, das Formlose als das Erhabene gilt» («Der alte und neue Glaube», § 109); von Schopenhauer weiß der Messias des Philistertums zu verkünden, daß man an eine so «ungesunde und unersprießliche» Philosophie wie die Schopenhauersche keine Gründe, sondern höchstens nur Worte und Scherze verschwenden dürfe. («David Strauß», § 6.) *Gesund* nennt der Philister nur das, was der Durchschnittsbildung entspricht.

Als sittliches Urgebot stellt Strauß den Satz auf: «Alles sittliche Handeln ist ein Sichbestimmen des Einzelnen nach der Idee der Gattung.» («Der alte und neue Glaube», § 74.) Nietzsche erwidert darauf: «Ins Deutliche und Greifbare übertragen heißt das nur: Lebe als Mensch, und nicht als Affe oder Seehund! Dieser Imperativ ist leider nur durchaus unbrauchbar und kraftlos, weil unter dem Begriff Mensch das Mannigfaltigste zusammen im Joche geht, zum Beispiel der Patagonier und der Magister Strauß, und weil niemand wagen wird, mit gleichem Rechte zu sagen: lebe als Patagonier! und: lebe als Magister Strauß!» («David Strauß», § 7.)

Es ist ein Ideal, und zwar ein Ideal jämmerlichster Art, das Strauß den Menschen vorsetzen will. Und Nietzsche protestiert dagegen; er protestiert, weil in ihm ein lebhafter Instinkt ruft: lebe nicht, wie der Magister Strauß, sondern lebe, wie es dir angemessen ist!

40

Erst in der Schrift: «Menschliches, Allzumenschliches» (1878) erscheint Nietzsche frei von dem Einflusse der Schopenhauerschen Denkweise. Er hat es aufgegeben, übernatürliche Ursachen für die natürlichen Ereignisse zu suchen; er strebt nach natürlichen Erklärungsgründen. Er sieht jetzt alles Menschenleben als eine Art natürlichen Geschehens an; in dem Menschen sieht er das höchste *Naturprodukt*. Man lebt «zuletzt unter den Menschen und mit sich wie in der *Natur*, ohne Lob, Vorwürfe, Ereiferung, an vielem sich wie an einem Schauspiel weidend, vor dem man sich bisher nur zu fürchten hatte. Man wäre die Emphasis los und würde die Anstachelung des Gedankens, daß man nicht nur Natur oder mehr als Natur sei, nicht weiter empfinden ... vielmehr muß ein Mensch, von dem in solchem Maße die gewöhnlichen Fesseln des Lebens abgefallen sind, daß er nur deshalb weiterlebt, um immer besser zu erkennen, auf vieles, ja fast auf alles, was bei den anderen Menschen Wert hat, ohne Neid und Verdruß verzichten können, ihm muß als der wünschenswerteste Zustand jenes freie, furchtlose Schweben über Menschen, Sitten, Gesetzen und den herkömmlichen Schätzungen der Dinge *genügen*.» («Menschliches» I. § 34.) Nietzsche hat bereits allen Glauben an Ideale aufgegeben; er sieht in den menschlichen Handlungen nur noch Folgen natürlicher Ursachen, und in dem Erkennen dieser Ursachen findet er seine Befriedigung. Er findet, daß man eine unrichtige

Vorstellung von den Dingen bekommt, wenn man bloß das an ihnen sieht, was von dem Lichte der idealistischen Erkenntnis beleuchtet wird. Es entgeht einem dann das, was von den Dingen im Schatten liegt. Nietzsche will jetzt nicht nur die Sonnen-, sondern auch die Schattenseite der Dinge kennen lernen. Aus diesem Streben ging die Schrift: «Der Wanderer und sein Schatten» hervor (1879). Er will in diesem Buche die Erscheinungen des Lebens von allen Seiten erfassen. Er ist «Wirklichkeitsphilosoph» im besten Sinne des Wortes geworden.

In der «Morgenröte» (1881) schildert er den moralischen Prozeß in der Menschheitsentwickelung als einen Naturvorgang. Schon in dieser Schrift zeigt er, daß es keine überirdische sittliche Weltordnung, keine ewigen Gesetze des Guten und Bösen gibt, und daß alle Sittlichkeit entsprungen ist aus den in den Menschen waltenden natürlichen Trieben und Instinkten. Nun war die Bahn frei gemacht für den originellen Wandergang Nietzsches. Wenn keine außermenschliche Macht dem Menschen eine bindende Verpflichtung auferlegen kann, dann ist er berechtigt, das eigene Schaffen frei walten zu lassen. Diese Erkenntnis ist das Leitmotiv der «Fröhlichen Wissenschaft» (1882). Keine Fessel ist nun dieser «freien» Erkenntnis Nietzsches mehr angelegt. Er fühlt sich berufen, neue Werte zu schaffen, nachdem er den Ursprung der alten erkannt und gefunden hat, daß sie nur menschliche, keine göttlichen Werte sind. Er wagt es jetzt, das zu verwerfen, was seinen Instinkten widerspricht, und anderes an die Stelle zu setzen, was seinen Trieben gemäß ist: «Wir Neuen, Namenlosen, Schlechtverständlichen, wir Frühgeburten einer noch unbewiesenen Zukunft – wir bedürfen zu einem neuen Zwecke auch eines neuen Mittels, nämlich einer neuen Gesundheit, einer stärkeren gewitzteren zäheren verwegeneren lustigeren, als alle Gesundheiten bisher waren. Wessen Seele darnach dürstet, den ganzen Umfang der bisherigen Werte und Wünschbarkeiten erlebt und alle Küsten dieses idealischen ‹Mittelmeeres› umschifft zu haben, wer aus den Abenteuern der eigensten Erfahrungen wissen will, wie es einem Eroberer und Entdecker des Ideals zumute ist ... der hat zu allererst Eins nötig, *die große Gesundheit* ... Und nun, nachdem wir lange dergestalt unterwegs waren, wir Argonauten des Ideals, mutiger vielleicht, als klug ist ... will es uns scheinen, als ob wir, zum Lohn dafür, ein noch unentdecktes Land vor uns haben ... Wie könnten wir uns, nach solchen Ausblicken und mit einem solchen Heißhunger in Gewissen und Wissen, noch *am gegenwärtigen Menschen* genügen lassen?» («Fröhliche Wissenschaft», § 382.)

41

Aus der in den vorstehenden Sätzen charakterisierten Stimmung heraus erwuchs Nietzsche das Bild seines *Übermenschen*. Es ist das Gegenbild des Gegenwartsmenschen; es ist vor allem das Gegenbild des Christen. Im Christentum ist der *Widerspruch* gegen die Pflege des *starken* Lebens Religion geworden. («Antichrist», § 5.) Der Stifter dieser Religion lehrte: daß vor Gott das verächtlich ist, was vor den Menschen Wert hat. In dem «Gottesreich» will der Christ alles verwirklicht finden, was ihm auf Erden mangelhaft erscheint. Das Christentum ist die Religion, die dem Menschen alle Sorge für das irdische Leben benehmen will; es ist die Religion der Schwachen, die sich gerne als Gebot vorsetzen lassen: «Widerstrebe nicht dem Bösen und dulde alles Ungemach», weil sie nicht stark genug sind zum Widerstande. Der Christ hat keinen Sinn für die vornehme Persönlichkeit, die aus ihrer eigenen Wirklichkeit ihre Kraft schöpfen will. Er glaubt, der Blick für das Menschenreich verderbe die Sehkraft für das Gottesreich. Auch die vorgeschritteneren Christen, die nicht mehr glauben, daß sie am Ende der Tage in ihrer leibhaftigen Gestalt wieder auferstehen werden, um entweder in das Paradies aufgenommen oder in die Hölle verstoßen zu werden, träumen von «göttlicher Vorsehung», von einer «übersinnlichen» Ordnung der Dinge. Auch sie sind der Ansicht, daß sich der Mensch über seine bloß irdischen Ziele erheben und in ein ideales Reich einfügen müsse. Sie glauben, daß das Leben einen rein geistigen Hintergrund habe, und daß es erst dadurch einen Wert erhalte. Nicht die Instinkte für Gesundheit, Schönheit, Wachstum, Wohlgeratenheit, Dauer, für Häufung von Kräften will das Christentum pflegen, sondern den Haß gegen den Geist, gegen Stolz, Mut, Vornehmheit, gegen das Selbstvertrauen und die Freiheit des Geistes, den Haß gegen die Freuden der sinnlichen Welt, gegen die Freude und Heiterkeit der Wirklichkeit, in der der Mensch lebt. («Antichrist», § 21.) Das Christentum bezeichnet das Natürliche geradezu als «verwerflich». Im christlichen Gotte ist ein jenseitiges Wesen, das heißt ein *Nichts* vergöttlicht, es ist *der Wille zum Nichts* heilig gesprochen. («Antichrist», § 18.) Deshalb bekämpft Nietzsche im ersten Buche seiner «Umwertung aller Werte» das Christentum. Und er wollte im zweiten und dritten Buche auch die Philosophie und Moral der Schwachen bekämpfen, die sich nur in der Rolle von

Abhängigen wohlgefallen. Weil der Typus des Menschen, den Nietzsche gezüchtet sehen will, das diesseitige Leben nicht gering schätzt, sondern dieses Leben mit Liebe umfaßt und es zu hoch stellt, um glauben zu können, daß es nur *einmal* gelebt werden solle, deshalb ist er «nach der Ewigkeit brünstig» («Zarathustra», 3. Teil, «Die sieben Siegel») und möchte, daß dieses Leben unendlich oft gelebt werden könne. Nietzsche läßt seinen «Zarathustra» den «Lehrer der ewigen Wiederkunft» sein. «Siehe, wir wissen ..., daß alle Dinge ewig wiederkehren und wir selber mit, und daß wir schon ewige Male dagewesen sind, und alle Dinge mit uns.» («Zarathustra», 3. Teil, «Der Genesende».)

Eine bestimmte Meinung darüber zu haben, welche Vorstellung Nietzsche mit dem Worte «ewige Wiederkunft» verknüpfte, scheint mir gegenwärtig nicht möglich zu sein. Man wird darüber erst Genaueres sagen können, wenn die Aufzeichnungen Nietzsches zu den unvollendeten Teilen seines «Willens zur Macht» in der zweiten Abteilung der Gesamtausgabe seiner Werke vorliegen werden.

DIE PHILOSOPHIE FRIEDRICH NIETZSCHES
ALS PSYCHO-PATHOLOGISCHES PROBLEM

FRIEDRICH NIETZSCHES PERSÖNLICHKEIT
UND DIE PSYCHO-PATHOLOGIE

DIE PERSÖNLICHKEIT FRIEDRICH NIETZSCHES
EINE GEDÄCHTNISREDE

AUS «MEIN LEBENSGANG» XVIII

DIE PHILOSOPHIE FRIEDRICH NIETZSCHES ALS PSYCHO-PATHOLOGISCHES PROBLEM

I

Nicht um die Behauptungen der Gegner Friedrich Nietzsches zu vermehren, ist das Folgende geschrieben, sondern in der Absicht, einen Beitrag zur Erkenntnis dieses Mannes von einem Gesichtspunkte aus zu liefern, der zweifellos bei der Beurteilung seiner merkwürdigen Gedankengänge in Betracht kommt. Wer sich in die Weltanschauung Friedrich Nietzsches vertieft, wird auf zahlreiche Probleme stoßen, die nur vom Standpunkte der Psycho-Pathologie einer Aufhellung fähig sind. Andererseits dürfte es gerade für die Psychiatrie von Wichtigkeit sein, sich mit einer bedeutenden Persönlichkeit zu beschäftigen, die einen unermeßlich großen Einfluß auf die Zeitkultur gewonnen hat. Auch trägt dieser Einfluß ein wesentlich anderes Gepräge als die Wirkungen, die sonst von Philosophen auf ihre Schüler ausgegangen sind. Denn Nietzsche wirkt auf seine Zeitgenossen nicht durch die logische Kraft seiner Argumente. Die Ausbreitung seiner Anschauungen ist vielmehr auf dieselben Gründe zurückzuführen, die es Schwärmern und Fanatikern aller Zeiten möglich machen, ihre Rollen in der Welt zu spielen*.

* Der Autor dieses Aufsatzes glaubt sich berufen, Nietzsches Anschauungen von diesem Standpunkte aus zu betrachten, denn er hat bereits vor längerer Zeit ein Bild dieser Anschauungen in seiner Schrift: «Friedrich Nietzsche, ein Kämpfer gegen seine Zeit» geliefert, das diesem Geiste objektiv gerecht zu werden suchte, und in dem er sich von jedem Seitenblick auf eine psycho-pathologische Erklärung fern hielt. Der Verfasser will sich von seinen früher ausgesprochenen Überzeugungen nicht etwa trennen, sondern nur das Problem von einer anderen Seite erfassen.

Was hier geboten werden soll, ist nicht etwa eine vollständige Erklärung des Geisteszustandes Friedrich Nietzsches vom psychiatrischen Gesichtspunkt aus. Eine solche Erklärung ist heute noch nicht möglich, weil ein vollständiges und treues klinisches Krankheitsbild noch nicht vorliegt. Alles, was von seiner Krankheitsgeschichte bisher in die Öffentlichkeit gedrungen ist, trägt den Charakter des Lückenhaften und Widerspruchsvollen. Was aber heute durchaus möglich ist, das ist die Betrachtung der Philosophie Nietzsches unter dem Gesichtswinkel der Psycho-Pathologie. Die eigentliche Arbeit des Psychiaters wird vielleicht gerade da einsetzen, wo diejenige des Psychologen, die hier geliefert werden soll, aufhört. Diese Arbeit ist aber zu der vollkommenen Lösung des «Problems Nietzsche» durchaus notwendig. Nur auf Grund einer solchen psycho-pathologischen Symptomatologie wird der Psychiater *seine* Aufgabe lösen können.

Eine Eigenschaft, die sich durch Nietzsches ganzes Wirken hindurchzieht, ist der Mangel des Sinnes für objektive Wahrheit. Was die Wissenschaft als Wahrheit anstrebt, das war für ihn im Grunde nie vorhanden. In der Zeit, die kurz vor dem Ausbruche des völligen Wahnsinnes liegt, steigerte sich dieser Mangel zu einem förmlichen Haß auf alles, was man logische Begründung nennt. «Honette Dinge tragen wie honette Menschen ihre Gründe nicht so in der Hand. Es ist unanständig, alle fünf Finger zu zeigen. Was sich erst beweisen lassen muß, ist wenig wert», sagt er in der 1888, kurz vor der Erkrankung geschriebenen «Götzen-Dämmerung» (Band VIII der Gesamtausgabe, S. 71). Weil ihm dieser Wahrheitssinn fehlte, hat er nie den Kampf durchgemacht, den so viele durchzumachen haben, die durch ihre Entwickelung zum Aufgeben anerzogener Meinungen gezwungen sind. Als er mit siebzehn Jahren konfirmiert wird, ist er vollkommen gottgläubig. Ja, noch drei Jahre später, als er das Gymnasium in Schulpforta verläßt, schreibt er: «Ihm, dem ich das Meiste verdanke, bringe ich die Erstlinge meines Dankes; was kann ich ihm anderes opfern als die warme Empfindung meines Herzens, das lebhafter als je seine Liebe wahrnimmt, seine Liebe, die mich diese schönste Stunde meines Daseins erleben ließ? Behüte er mich auch fernerhin, der treue Gott!» (E. Förster-Nietzsche: «Das Leben Friedrich Nietzsches», I. S. 194.) In kurzer Zeit wird aus dem Gottgläubigen ein vollkommener Atheist, ohne inneren Kampf. In den Lebenserinnerungen, die er 1888 unter dem Titel «Ecce homo» aufzeichnet, spricht er von seinen inneren Kämpfen. «*Religiöse* Schwierigkeiten», sagt er da, «kenne ich nicht aus Erfahrung...» «‹Gott›, ‹Unsterblichkeit der Seele›, ‹Erlösung›, ‹Jenseits›, lauter Begriffe, denen ich keine Aufmerksamkeit, auch keine Zeit geschenkt habe, selbst als Kind nicht, – ich war vielleicht nie kindlich genug dazu? – Ich kenne den Atheismus durchaus nicht als Ergebnis, noch weniger als Ereignis: er versteht sich bei mir aus Instinkt.» (M. G. Conrad: «Ketzerblut», S. 182.) Es ist bezeichnend für Nietzsches Geisteskonstitution, daß er hier behauptet, er habe selbst als Kind den angeführten religiösen Vorstellungen keine Aufmerksamkeit geschenkt. Aus der Biographie, die seine Schwester geliefert hat, wissen wir, daß ihn seine Klassenkameraden wegen seiner religiösen Äußerungen den «kleinen Pastor» genannt haben. Aus alledem geht hervor, daß er die religiösen Überzeugungen seiner Jugend mit großer Leichtigkeit überwunden hat.

Der psychologische Prozeß, durch den Nietzsche zu dem Inhalte seiner Anschauungen kommt, ist nicht derjenige, den ein Mensch durchmacht, der auf objektive Wahrheit ausgeht. Man kann das bereits an der Art beobachten, wie er zu den grundlegenden Ideen seines ersten Werkes «Die Geburt der Tragödie aus dem Geiste der Musik» kommt. Nietzsche nimmt an, daß der alten griechischen Kunst zwei Triebe zugrunde liegen: Der apollinische und der dionysische. Durch den apollinischen Trieb liefert der Mensch ein schönes Abbild der Welt, ein Werk der ruhigen Betrachtung. Durch den dionysischen Trieb versetzt sich der Mensch in einen *Rausch*zustand; er betrachtet nicht allein die Welt; er durchdringt sich mit den ewigen Mächten des Seins und bringt diese selbst in seiner Kunst zum Ausdrucke. Das Epos, das plastische Bildwerk, sind Erzeugnisse der apollinischen Kunst. Das lyrische, das musikalische Kunstwerk entspringen dem dionysischen Triebe. Der dionysisch gestimmte Mensch durchdringt sich mit dem Weltgeiste und bringt dessen Wesen durch seine eigenen Äußerungen zum Vorschein. Er wird selbst Kunstwerk. «Singend und tanzend äußert sich der Mensch als Mitglied einer höheren Gemeinsamkeit: Er hat das Gehen und Sprechen verlernt und ist auf dem Wege, tanzend in die Lüfte emporzufliegen. Aus seinen Gebärden spricht die Verzauberung». («Geburt der Tragödie», § 1.) In diesem dionysischen Zustande vergißt der Mensch sich selbst, er fühlt sich nicht mehr als Individuum, sondern als ein Organ des allgemeinen Weltwillens. In den Festspielen, die zu Ehren des Gottes Dionysus veranstaltet wurden, sieht Nietzsche dionysische Äußerungen des menschlichen Geistes. Er stellt sich nun vor, daß die dramatische Kunst bei den Griechen aus solchen Spielen entstanden ist. Eine höhere Vereinigung des Dionysischen mit dem Apollinischen habe sich vollzogen. Im ältesten Drama wurde ein apollinisches Abbild des dionysisch erregten Menschen geschaffen.

Zu solchen Vorstellungen ist Nietzsche durch die *Schopenhauersche* Philosophie gekommen. Er hat einfach die «Welt als Wille und Vorstellung» in das Künstlerische umgesetzt. Die Welt der Vorstellung ist nicht die wirkliche; sie ist nur ein subjektives Abbild, das unsere Seele von den Dingen erschafft. Durch *Betrachtung* kommt der Mensch nach Schopenhauers Meinung überhaupt nicht zu dem eigentlichen Wesen der Welt. Dieses enthüllt sich ihm in seinem Willen. Die Kunst der Vorstellung ist die apollinische; die des Willens die dionysische. Nietzsche brauchte nur einen kleinen Schritt über Schopenhauer hinauszugehen, und er war dort angelangt, wo er in der «Geburt der Tragödie» steht. Schopenhauer selbst hat der Musik schon eine Ausnahmestellung unter den Künsten angewiesen. Er nennt alle anderen Künste bloße Abbilder des Willens; die Musik nennt er eine unmittelbare Äußerung des Urwillens selbst.

Nun hat Schopenhauer niemals auf Nietzsche so gewirkt, daß man sagen könnte, dieser wurde sein Anhänger. In der Schrift «Schopenhauer als Erzieher» schildert Nietzsche den Eindruck, den er von der Lehre des pessimistischen Philosophen erhalten hat: «Schopenhauer redet mit sich, oder wenn man sich durchaus einen Zuhörer denken will, so denke man sich den Sohn, welchen der Vater unterweist.

Es ist ein redliches, derbes, gutmütiges Aussprechen, vor einem Hörer, der mit Liebe hört. Solche Schriftsteller fehlen uns. Das kräftige Wohlgefühl des Sprechenden umfängt uns beim ersten Tone seiner Stimme; es geht uns ähnlich wie beim Eintritt in den Hochwald, wir atmen tief und fühlen uns auf einmal wiederum wohl. Hier ist eine immer gleichartige, stärkende Luft, so fühlen wir; hier ist eine gewisse unnachahmliche Unbefangenheit und Natürlichkeit, wie sie Menschen haben, die in sich zu Hause, und zwar in einem sehr reichen Hause Herren sind.» Dieser *ästhetische* Eindruck ist ausschlaggebend für Nietzsches Stellung zu Schopenhauer. Um die Lehre war es ihm gar nicht zu tun. Unter den Aufzeichnungen, die er sich zu derselben Zeit gemacht hat, als er die hymnusartige Schrift «Schopenhauer als Erzieher» verfaßte, findet man die folgende: «Ich bin ferne davon zu glauben, daß ich Schopenhauer richtig verstanden habe, sondern nur mich selber habe ich durch Schopenhauer ein weniges besser verstehen gelernt; das ist es, weshalb ich ihm die größte Dankbarkeit schuldig bin. Aber überhaupt scheint es mir nicht so wichtig zu sein, wie man es jetzt nimmt, daß bei irgend einem Philosophen genau ergründet und ans Licht gebracht werde, was er eigentlich im strengsten Wortverstande gelehrt habe, was nicht: eine solche Erkenntnis ist wenigstens nicht für Menschen geeignet, welche eine *Philosophie für ihr Leben*, nicht eine neue *Gelehrsamkeit für ihr Gedächtnis* suchen: und zuletzt bleibt es mir unwahrscheinlich, daß so etwas wirklich ergründet werden kann.» (Nietzsches Werke, Band X, S. 285f.)

Nietzsche baut also seine Ideen über die «Geburt der Tragödie» auf der Grundlage eines philosophischen

Lehrgebäudes auf, von dem er es dahingestellt sein läßt, ob er es richtig verstanden hat. Er sucht nicht nach logischer, sondern lediglich nach ästhetischer Befriedigung.

Ein weiterer Beleg für seinen Mangel an Wahrheitssinn liefert sein Verhalten während der Abfassung der Schrift «Richard Wagner in Bayreuth» im Jahre 1876. Er schrieb in dieser Zeit nicht nur alles nieder, was er zum Lobe Wagners vorzubringen hatte, sondern manche der Ideen, die er dann später im «Fall Wagner» gegen Wagner vorbrachte. In die Schrift «Richard Wagner in Bayreuth» nahm er nur dasjenige auf, was zur Verherrlichung Richard Wagners und seiner Kunst dienen konnte; die argen, ketzerischen Urteile hielt er zunächst in seinem Pulte zurück. So verfährt natürlich nicht jemand, der Sinn für objektive Wahrheit hat. Nicht eine wahre Charakteristik Wagners wollte Nietzsche liefern, sondern ein Loblied wollte er dem Meister singen.

Höchst bezeichnend ist, wie Nietzsche sich verhält, als ihm 1876 in *Paul Rée* eine Persönlichkeit entgegentritt, die eine Reihe derjenigen Probleme, welche wie namentlich die ethischen auch im Interessenkreise Nietzsches lagen, ganz im Geiste streng objektiver Wissenschaftlichkeit betrachtete. Diese Art, die Dinge anzusehen, wirkte auf Nietzsche wie eine neue Offenbarung*. Er bewundert diese reine Wahrheitsforschung, die frei von allem Romantizismus ist. Fräulein *Malwida von Meysenbug*, die geistvolle Verfasserin der «Memoiren einer Idealistin», erzählt in ihrem vor kur-

* Damit soll durchaus nicht zugleich behauptet werden, daß P. Rée auf den *Inhalt* der Weltanschauung Nietzsches einen erheblichen Einfluß gehabt hat.

zem erschienenen Buche: «Der Lebensabend einer Idealistin» von Nietzsches Stellung zu Rées Betrachtungsweise im Jahre 1876. Sie gehörte damals zu dem Kreise von Menschen in Sorrent, innerhalb dessen sich Nietzsche und Rée näher traten. «Wie sehr seine (Rées) Art, die philosophischen Probleme zu erklären, auf Nietzsche Eindruck machte, ersah ich aus manchen Gesprächen.» Sie teilt eine Stelle aus einem solchen Gespräche mit: «Es sei – sagte Nietzsche – der Irrtum aller Religionen, eine transzendentale Einheit hinter der Erscheinung zu suchen, und das sei auch der Irrtum der Philosophie und des Schopenhauerischen Gedankens von der Einheit des Willens zum Leben. Die Philosophie sei ein ebenso ungeheurer Irrtum wie die Religion. Das allein Wertvolle und Gültige sei die Wissenschaft, welche allmählich Stein an Stein füge, um ein sicheres Gebäude aufzuführen.» Dies spricht eine deutliche Sprache. Nietzsche, dem selbst der Sinn für objektive Wahrheit mangelte, vergötterte ihn geradezu, als er ihm bei jemand anderem entgegentritt. Als Folge tritt aber bei ihm nun nicht etwa selbst die Hinwendung zur objektiven Wissenschaftlichkeit auf. Die Art seines eigenen Produzierens bleibt dieselbe, die sie vorher war. Auch jetzt wirkt also die Wahrheit nicht durch ihre logische Natur auf ihn, sondern sie macht ihm einen ästhetisch wohlgefälligen Eindruck. Er singt in seinen beiden Bänden «Menschliches, Allzumenschliches» (1878) der objektiven Wissenschaftlichkeit ein Loblied nach dem andern; er selbst aber wendet die Methode dieser Wissenschaftlichkeit durchaus nicht an. Ja, er schreitet auf *seiner* Bahn in der Weise fort, daß er 1881 auf dem Standpunkte anlangte, aller Wahrheit den Krieg zu erklären.

Nietzsche stellt nämlich in dieser Zeit eine Behauptung auf, durch die er sich in bewußten Gegensatz stellt zu den Anschauungen, welche die Naturwissenschaft vertritt. Diese Behauptung ist seine vielbesprochene Lehre von der «Ewigen Wiederkunft» aller Dinge. Er fand in *Dührings* «Kursus der Philosophie» eine Ausführung, die den Beweis liefern sollte, daß eine ewige Wiederholung gleicher Weltereignisse mit den Grundsätzen der Mechanik nicht vereinbar sei. Gerade dies reizte ihn, eine solche ewige, periodische Wiederholung gleicher Weltereignisse anzunehmen. Alles, was heute geschieht, soll schon unzählige Male dagewesen sein, und soll sich unzählige Male wiederholen. Er spricht in dieser Zeit auch aus, welchen Reiz es für ihn hat, zu allgemein anerkannten Wahrheiten die Gegenmeinungen aufzustellen. «Was ist die *Reaktion der Meinungen?* Wenn eine Meinung aufhört, interessant zu sein, so sucht man ihr einen Reiz zu verleihen, indem man sie an ihre Gegenmeinung hält. Gewöhnlich aber verführt die Gegenmeinung und macht nun neue Bekenner: sie ist inzwischen interessanter geworden.» (Nietzsches Werke, Band XI, S. 65.) Und weil er einsieht, daß seine Gegenmeinung zu den alten naturwissenschaftlichen Wahrheiten nicht stimmt, stellt er die Behauptung auf, daß diese Wahrheiten selbst nicht Wahrheiten, sondern Irrtümer seien, welche die Menschen nur angenommen hätten, weil sie sich im Leben nützlich erwiesen. Die Grundwahrheiten der Mechanik und Naturwissenschaft seien eigentlich Irrtümer; dies wollte er in einem Werke ausführen, zu dem er 1881 den Plan entwarf. Das alles versuchte er nur um der Idee von der «Ewigen Wiederkehr» willen. Die logisch zwingende Kraft der Wahrheit sollte geleugnet werden, um eine dem Wesen dieser Wahrheit zuwiderlaufende Gegenmeinung aufstellen zu können.

Allmählich nahm Nietzsches Kampf gegen die Wahrheit noch stärkere Dimensionen an. In der Schrift «Jenseits von Gut und Böse» fragt er 1885 bereits, ob denn die Wahrheit überhaupt irgend einen Wert habe. «Der Wille zur Wahrheit, der uns noch zu manchem Wagnisse verführen wird, jene berühmte Wahrhaftigkeit, von der alle Philosophen bisher mit Ehrerbietung geredet haben, was für Fragen hat dieser Wille zur Wahrheit uns schon vorgelegt? Welche wunderlichen, schlimmen, fragwürdigen Fragen? Das ist bereits eine lange Geschichte – und doch scheint es, daß sie kaum eben angefangen hat ... Gesetzt, wir wollen Wahrheit, *warum nicht lieber Unwahrheit?*»

Solche Fragen können selbstverständlich auch bei einem durchaus logischen Kopfe auftreten. Die Erkenntnistheorie hat sich mit diesen Fragen zu beschäftigen. Bei einem wirklichen Denker tritt aber als natürliche Folge des Auftauchens solcher Fragen die Untersuchung nach den Quellen des menschlichen Erkennens ein. Für ihn beginnt eine Welt subtilster, philosophischer Probleme. Das alles ist bei Nietzsche nicht der Fall. Er tritt überhaupt in kein Verhältnis zu diesen Fragen, das mit Logik etwas zu tun hat. «Ich erwarte immer noch, daß ein philosophischer *Arzt* im ausnahmsweisen Sinne des Wortes – ein solcher, der dem Probleme der Gesamt-Gesundheit von Volk, Zeit, Rasse, Menschheit nachzugehn hat – einmal den Mut haben wird, meinen Verdacht auf die Spitze zu bringen und den Satz zu wagen: Bei allem Philosophieren handelte es sich bisher gar nicht um ‹Wahrheit›, sondern um etwas anderes, sagen wir um Gesundheit, Zukunft, Wachstum,

Macht, Leben ...» So schrieb Nietzsche im Herbste 1886. (In der Vorrede zur zweiten Auflage der «Fröhlichen Wissenschaft».) Man sieht, in Nietzsche ist die Neigung vorhanden, einen Gegensatz von Lebensnützlichkeit, Gesundheit, Macht und so weiter und Wahrheit zu empfinden. Dem natürlichen Empfinden entspricht es, hier nicht einen Gegensatz, sondern eine Harmonie anzunehmen. Es erscheint bei Nietzsche die Frage nach dem Werte der Wahrheit nicht als ein erkenntnistheoretisches Bedürfnis, sondern eben als ein Ausfluß seines Mangels an objektivem Wahrheitssinn überhaupt. Grotesk tritt das zutage in einem Satze, der auch in der eben genannten Vorrede steht: «Und was unsre Zukunft betrifft: man wird uns schwerlich wieder auf den Pfaden jener ägyptischen Jünglinge finden, welche nachts Tempel unsicher machen, Bildsäulen umarmen und durchaus alles, was mit guten Gründen verdeckt gehalten wird, entschleiern, aufdecken, in helles Licht stellen wollen. Nein, dieser schlechte Geschmack, dieser Wille zur Wahrheit, zur ‹Wahrheit um jeden Preis›, dieser Jünglings-Wahnsinn in der Liebe zur Wahrheit – ist uns verleidet.» Aus dieser seiner Abneigung gegen die Wahrheit entsprang Nietzsches Haß gegen Sokrates. Der Trieb nach Objektivität in diesem Geiste hatte für ihn etwas geradezu Abstoßendes. In seiner «Götzen-Dämmerung» (1888) kommt das in der schärfsten Weise zum Ausdrucke: «Sokrates gehörte seiner Herkunft nach zum niedersten Volk: Sokrates war Pöbel. Man weiß, man sieht es selbst noch, wie häßlich er war ... Sokrates war ein Mißverständnis.»

Man vergleiche die philosophische Skepsis anderer Persönlichkeiten mit dem Kampfe gegen die Wahrheit, den

Nietzsche führt. Gewöhnlich liegt dieser Skepsis gerade ein ausgesprochener Sinn für die Wahrheit zugrunde. Der Trieb nach Wahrheit treibt den Philosophen, ihren Wert, ihre Quellen, ihre Grenzen zu erforschen. Bei Nietzsche ist dieser Trieb nicht vorhanden. Und die Art, wie er den Erkenntnisproblemen zu Leibe geht, ist nur ein Erzeugnis seines fehlerhaften Wahrheitssinnes. Daß ein solcher Mangel in einer genialen Persönlichkeit in anderer Weise zum Vorschein kommt, als in einer untergeordneten, ist begreiflich. So groß auch der Abstand ist zwischen Nietzsche und dem psychopathisch Minderwertigen, dem im alltäglichen Leben der Sinn für Wahrheit fehlt, qualitativ hat man es hier wie dort mit derselben ans Pathologische mindestens grenzenden psychologischen Eigentümlichkeit zu tun.

II

In Nietzsches Gedankenwelt offenbart sich ein *Zerstörungstrieb*, der ihn in der Beurteilung gewisser Anschauungen und Überzeugungen weit über das hinausgehen ließ, was als *Kritik* psychologisch begreiflich erscheint. Es ist bezeichnend, daß sich der weitaus größte Teil alles dessen, was Nietzsche geschrieben hat, als Ergebnis dieses zerstörenden Triebes darstellt. In der «Geburt der Tragödie» wird die ganze abendländische Kulturentwickelung von Sokrates und Euripides bis zu Schopenhauer und Richard Wagner als ein Irrweg hingestellt. Die «Unzeitgemäßen Betrachtungen», an denen er 1873 zu arbeiten begann, werden mit der entschiedenen Absicht begonnen, «die ganze Tonleiter» seiner «Feindseligkeiten abzusingen». Von den zwanzig projektierten sind vier dieser Betrachtungen fertig geworden. Zwei davon sind Kampfschriften, die in grausamster Weise die Schwächen des angegriffenen Gegners oder der Nietzsche unsympathischen Anschauung aufspüren, ohne sich im Geringsten um die relative Berechtigung des Bekämpften zu kümmern. Die beiden anderen sind zwar Lobeshymnen auf zwei Persönlichkeiten; doch hat Nietzsche im Jahre 1888 (im «Fall Wagner») nicht nur alles zurückgenommen, was er zur Verherrlichung Wagners 1876 gesagt hat, sondern er hat das Erscheinen der Wagnerschen Kunst, die er zuerst als Rettung und Wiedergeburt der ganzen abendländischen Kultur pries, später als die größte Gefahr für diese Kultur hingestellt. Und auch über Schopenhauer schreibt er 1888: «Er hat, der Reihe nach, die *Kunst*, den Heroismus, das Genie, die Schönheit, ... den Willen zur Wahrheit, die Tragödie als Folgeerscheinung der ‹Verneinung› oder der Verneinungs-Bedürftigkeit des ‹Willens› interpretiert – die größte psychologische Falschmünzerei, die es, das Christentum abgerechnet, in der Geschichte gibt. Genauer zugesehn ist er darin bloß der Erbe der christlichen Interpretation: nur daß er auch das vom Christentum *Abgelehnte*, die großen Kultur-Tatsachen der Menschheit noch in einem christlichen, das heißt nihilistischen Sinne *gutzuheißen* wußte.» Also selbst Erscheinungen gegenüber, die Nietzsche einmal bewundert hat, ruht sein Zerstörungstrieb nicht. Auch in den vier Schriften, die von 1878 bis 1882 erscheinen, überwiegt die Tendenz, anerkannte Richtungen zu zerstören, wesentlich dasjenige, was Nietzsche selbst Positives vorbringt. Es kommt ihm fast gar nicht darauf an, nach neuen Einsichten zu suchen, als vielmehr darauf, die bestehenden zu erschüttern. Er schreibt 1888 im «Ecce homo» über das Zerstörungswerk, das er 1876 mit

«Menschliches, Allzumenschliches» begann: «Ein Irrtum nach dem andern wird gelassen aufs Eis gelegt, das Ideal wird nicht widerlegt – *es erfriert* ... Hier zum Beispiel erfriert ‹das Genie›; eine Ecke weiter erfriert ‹der Heilige›; unter einem dicken Eiszapfen erfriert ‹der Held›; am Schlusse erfriert ‹der Glaube›, die sogenannte ‹Überzeugung›, auch das ‹Mitleiden› kühlt sich bedeutend ab – fast überall erfriert das ‹Ding an sich ...›» «*Menschliches, Allzumenschliches* ..., mit dem ich bei mir allem eingeschleppten ‹höheren Schwindel›, ‹Idealismus›, ‹schönem Gefühl› und andren Weiblichkeiten ein jähes Ende bereitete ...» Diese Zerstörungssucht treibt Nietzsche dazu, die Opfer, auf die er verfallen ist, mit geradezu blinder Wut zu verfolgen. Er bringt für eine Idee, für eine Persönlichkeit, die er ablehnen zu müssen glaubt, Urteile auf, die in gar keinem Verhältnisse zu den Gründen stehen, die er für seine Ablehnung anzuführen hat. Die Art, wie er gegnerische Meinungen verfolgt, ist nicht dem Grade, sondern nur der Art nach verschieden von derjenigen, wie typische Querulanten ihre Gegner verfolgen. Es kommt dabei weniger auf den Inhalt der Urteile an, die Nietzsche vorbringt. Man kann ihm bezüglich dieses Inhaltes oftmals Recht geben. Aber man wird selbst in Fällen, wo er zweifellos bis zu einem gewissen Grade im Recht ist, zugeben müssen, daß der Weg, auf dem er zu seinen Urteilen gelangt, eine Verzerrung im psychologischen Sinne darstellt. Nur das Faszinierende seiner Ausdrucksform, nur die künstlerische Behandlung der Sprache kann bei Nietzsche über diese Tatsache hinwegtäuschen. Die intellektuelle Zerstörungslust Nietzsches wird aber besonders klar, wenn man bedenkt, wie wenig positive Ideen er den Anschauungen entgegenzusetzen vermag, die er angreift. Er behauptet von der ganzen bisherigen Kultur, sie habe ein ganz falsches Menschenideal verwirklicht; er setzt diesem verwerflichen Typus Mensch seine Vorstellung des «Übermenschen» entgegen. Als Beispiel eines Übermenschen schwebt ihm ein echter Zerstörer vor: *Cesare Borgia.* Sich einen solchen Zerstörer in einer wichtigen historischen Rolle vorzustellen, bereitet ihm eine wahre geistige Wollust. «Ich sehe die *Möglichkeit* vor mir, von einem vollkommen überirdischen Zauber und Farbenreiz – es scheint mir, daß sie in allen Schaudern raffinierter Schönheit erglänzt, daß eine Kunst in ihr am Werke ist, so göttlich, so teufelsmäßig-göttlich, daß man Jahrtausende umsonst nach einer zweiten solchen Möglichkeit durchsucht; ich sehe ein Schauspiel, so sinnreich, so wunderbar paradox zugleich, daß alle Gottheiten des Olymps einen Anlaß zu einem unsterblichen Gelächter gehabt hätten – *Cesare Borgia als Papst* ... Versteht man mich? Wohlan, *das* wäre der Sieg gewesen, nach dem *ich* heute verlange – damit war das Christentum *abgeschafft!*» (Nietzsches Werke, Band VIII, S. 311.) Wie bei Nietzsche der Sinn für Zerstörung den für Aufbau überwiegt, das geht aus der Disposition seines letzten Werkes hervor, seiner «Umwertung aller Werte». Drei Viertel davon sollen rein negative Arbeit leisten. Er will bieten eine Vernichtung des Christentums unter dem Titel «Der Antichrist», eine Vernichtung aller bisherigen Philosophie, die er eine «nihilistische Bewegung» nannte, unter der Überschrift: «Der freie Geist», und eine Vernichtung aller bisherigen Moralbegriffe: «Der Immoralist». Er nannte diese Moralbegriffe die «verhängnisvollste Art von Unwissenheit». Erst das letzte Kapitel kündet etwas Positives an: «Dionysos, Philosophie der ewigen Wiederkunft.» (Nietzsches Werke, Band VIII, S. III, Anhang.) Für diesen positiven Teil seiner Philosophie hat er aber nie einen erheblichen Inhalt gewinnen können.

Nietzsche schreckt nicht vor den ärgsten Widersprüchen zurück, wenn es sich darum handelt, irgend eine Vorstellungsrichtung, eine Kulturerscheinung zu zerstören. Als es ihm 1888 im «Antichrist» darum zu tun ist, die Schädlichkeit des Christentums darzustellen, setzt er dieses mit folgenden Worten in Gegensatz zu den älteren Kulturerscheinungen: «Die ganze Arbeit der antiken Welt *umsonst:* ich habe kein Wort dafür, das mein Gefühl über etwas so Ungeheures ausdrückt ... Wozu Griechen? Wozu Römer? – Alle Voraussetzungen zu einer gelehrten Kultur, alle wissenschaftlichen *Methoden* waren bereits da, man hatte die große, die unvergleichliche Kunst, gut zu lesen, bereits festgestellt – diese Voraussetzung zur Tradition der Kultur, zur Einheit der Wissenschaft; die Naturwissenschaft im Bunde mit der Mathematik und Mechanik war auf dem allerbesten Wege – der *Tatsachensinn*, der letzte und wertvollste aller Sinne, hatte seine Schulen, seine bereits Jahrhunderte alte Tradition! ... – Und nicht durch ein Natur-Ereignis über Nacht verschüttet! ... Sondern von listigen, heimlichen, unsichtbaren, blutarmen Vampyren zuschanden gemacht! ... – Man lese nur irgend einen christlichen Agitator, den heiligen Augustin zum Beispiel, um zu begreifen, um zu *riechen*, was für unsaubere Gesellen damit obenauf gekommen sind.» (Werke, Band VIII, S. 307/308.) Die Kunst, zu lesen, hat Nietzsche gründlich verachtet bis zu dem Zeitpunkte, wo er sie verteidigte, um das Christentum zu bekämpfen. Es sei nur *einer* seiner

Sätze über diese Kunst angeführt: «Mir steht nun einmal fest, daß eine einzige Zeile geschrieben zu haben, welche es verdient, von Gelehrten späterer Zeit kommentiert zu werden, das Verdienst des größten Kritikers aufwiegt. Es liegt eine tiefe Bescheidenheit im Philologen. Texte verbessern ist eine unterhaltende Arbeit für Gelehrte, es ist ein Rebusraten; aber man sollte es für keine zu wichtige Sache ansehen. Schlimm, wenn das Altertum weniger deutlich zu uns redete, weil eine Million Worte im Wege stünden!» (Werke, Band X, S. 341.) Und über den Bund des Tatsachensinnes mit Mathematik und Mechanik bringt Nietzsche 1882 in seiner «Fröhlichen Wissenschaft» folgendes vor: «Daß allein eine Welt-Interpretation im Rechte sei ... die Zählen, Rechnen, Wägen, Sehen und Greifen und nichts weiter zuläßt, das ist eine Plumpheit und Naivität, gesetzt, daß es keine Geisteskrankheit, kein Idiotismus ist.» «Wollen wir uns wirklich dergestalt das Dasein zu einer Rechenknechts-Übung und Stubenhockerei für Mathematiker herabwürdigen lassen?» (Werke, Band V, S. 330/331.)

III

In unverkennbarer Weise kann man bei Nietzsche eine gewisse *Inkohärenz* der Vorstellungen beobachten. Wo nur logische Vorstellungsassoziationen am Platze wären, treten bei ihm Gedankenzusammenhänge auf, die auf bloß äußerlichen, zufälligen Merkmalen, zum Beispiel Klangähnlichkeit der Worte, oder auf metaphorischen Beziehungen beruhen, die an der Stelle, wo die Begriffe gebraucht werden, gleichgültig sind. An einer Stelle in «Also sprach Zarathustra», wo die Zukunfts- den Gegenwartsmenschen gegenübergestellt werden, finden wir folgende Ausschweifung der Phantasie: «Dem Winde tut mir gleich, wenn er aus seinen Berghöhlen stürzt: nach seiner eigenen Pfeife will er tanzen, die Meere zittern und hüpfen unter seinen Fußstapfen. Der den Eseln Flügel gibt, der Löwinnen melkt, gelobt sei dieser gute unbändige Geist, der allem Heute und allem Pöbel wie ein Sturmwind kommt, – der Distel- und Tiftelköpfen feind ist und allen welken Blättern und Unkräutern: gelobt sei dieser wilde gute freie Sturmgeist, welcher auf Mooren und Trübsalen wie auf Wiesen tanzt! Der die Pöbel-Schwindhunde haßt und alles mißratene düstere Gezücht: gelobt sei dieser Geist aller freien Geister, der lachende Sturm, welcher allen Schwarzsüchtigen, Schwärsüchtigen Staub in die Augen bläst!» (Werke, Band VI, S. 429f.) Im «Antichrist» findet sich folgender Gedanke, in dem das Wort «Wahrheit» in ganz äußerlichem Sinne den Anlaß zu einer Ideenassoziation an einer wichtigen Stelle gibt: «Habe ich noch zu sagen, daß im ganzen Neuen Testament bloß eine *einzige* Figur vorkommt, die man ehren muß? Pilatus, der römische Statthalter. Einen Judenhandel *ernst* zu nehmen – dazu überredet er sich nicht. Ein Jude mehr oder weniger – was liegt daran? ... Der vornehme Hohn eines Römers, vor dem ein unverschämter Mißbrauch mit dem Worte «Wahrheit» getrieben wird, hat das Neue Testament mit dem einzigen Worte bereichert, *das Wert hat* ... das seine Kritik, seine *Vernichtung* selbst ist: ‹Was ist Wahrheit!› ...» (Werke, Band VIII, S. 280f.) Es gehört durchaus in die Klasse inkohärenter Vorstellungsassoziationen, wenn in «Jenseits von Gut und Böse» am Schlusse einer Abhandlung über den Wert der deutschen Kultur folgender Satz steht, der hier mehr sein soll als eine stilistische Pointe: «Es ist für ein Volk klug, sich für tief, für ungeschickt, für gutmütig, für redlich, für unklug geltend zu machen, gelten zu *lassen:* es könnte sogar – tief sein! Zuletzt: man soll seinem Namen Ehre machen – man heißt nicht umsonst, das ‹tiusche› Volk, das Täusche-Volk ...»

Je intimer man sich mit Nietzsches Gedankenentwickelung beschäftigt, desto mehr kommt man zu der Überzeugung, daß es hier überall Absprünge gibt von dem, was noch psychologisch erklärbar ist. Der Trieb, sich zu isolieren, sich von der Außenwelt abzuschließen, liegt tief in seiner geistigen Organisation begründet. Er spricht sich im «Ecce homo» selbst charakteristisch genug darüber aus: «Mir eignet eine vollkommen unheimliche Reizbarkeit des Reinlichkeits-Instinktes, so daß ich die Nähe oder – was sage ich? – das Innerlichste, die ‹Eingeweide› jeder Seele physiologisch wahrnehme – *rieche.* Ich habe an dieser Reizbarkeit psychologische Fühlhörner, mit denen ich jedes Geheimnis betaste und in die Hand bekomme: der viele *verborgene* Schmutz auf dem Grunde mancher Natur, vielleicht in schlechtem Blut bedingt, aber durch Erziehung übertüncht, wird mir fast bei der ersten Berührung schon bewußt. Wenn ich recht beobachtet habe, empfinden solche meiner Reinlichkeit unzuträgliche Naturen die Vorsicht meines Ekels auch ihrerseits: sie werden damit nicht wohlriechender ... Das macht mir aus dem Verkehr mit Menschen keine kleine Gedulds-Probe; meine Humanität besteht *nicht* darin, mitzufühlen, wie der Mensch ist, sondern es *auszuhalten*, daß ich ihn mitfühle ... Meine Humanität ist eine beständige Selbstüberwindung. – Aber ich habe *Einsamkeit* nötig, will sagen, Genesung, Rückkehr zu mir, den Atem einer freien leichten spielenden Luft ... Der *Ekel* am Menschen, am ‹Gesindel› war immer meine größte Gefahr.» – (M. G. Conrad: «Ketzerblut», S. 183 f.) Solche Triebe liegen seinen Lehren über «Jenseits von Gut und Böse» und einer ganzen Reihe seiner anderen Gedanken zugrunde. Er will eine Kaste vornehmer Menschen erziehen, die aus dem Bereiche ihrer völligen Willkür heraus sich ihre Lebensziele setzen. Und die ganze Geschichte ist ihm nur ein Mittel, solche wenigen Herrennaturen zu züchten, die sich der ganzen übrigen Menschenmasse als Mittel zu ihren persönlichen Zwecken bedienen. «Man mißversteht das Raubtier und den Raubmenschen (zum Beispiele Cesare Borgia) gründlich, man mißversteht die ‹Natur›, so lange man noch nach einer ‹Krankhaftigkeit› im Grunde dieser gesündesten aller tropischen Untiere und Gewächse sucht, oder gar nach einer eingeborenen ‹Hölle› –: wie es bisher fast alle Moralisten getan haben», heißt es im § 197 von «Jenseits von Gut und Böse». Nietzsche sieht es als Wesentliches einer richtigen Aristokratie an, daß sie «mit gutem Wissen das Opfer einer Unzahl Menschen hinnimmt, welche um *ihretwillen* zu unvollständigen Menschen, zu Sklaven, zu Werkzeugen herabgedrückt und vermindert werden müssen». (§ 258 von «Jenseits von Gut und Böse».) Aus dieser Quelle stammt bei Nietzsche auch seine ans Engherzige grenzende Beurteilung der sozialen Frage. Die Arbeiter müssen nach seiner Meinung Herde bleiben, sie dürfen nicht dazu erzogen werden, sich als *Zweck* zu betrachten. «Man hat die Instinkte, vermöge deren ein Arbeiter als Stand möglich, *sich selber* möglich wird, durch die unverantwortlichste Gedankenlosigkeit in Grund und Boden zerstört. Man hat den Arbeiter militärtüchtig gemacht, man hat ihm das Koalitions-Recht, das politische Stimmrecht gegeben: was Wunder, wenn der Arbeiter seine Existenz heute bereits als Notstand (moralisch ausgedrückt als *Unrecht* –) empfindet? Aber was *will* man? nochmals gefragt. Will man einen Zweck, muß man auch die Mittel wollen: will man Sklaven, so ist man ein Narr, wenn man sie zu Herren erzieht.» (Werke, Band VIII, S. 153.)

In der letzten Phase seines Schaffens stellte er dann vollends die eigene Person in den Mittelpunkt des Weltgeschehens. «Dies Buch gehört den Wenigsten. Vielleicht lebt selbst noch keiner von ihnen. Es mögen die sein, welche meinen Zarathustra verstehen: wie *dürfte* ich mich mit denen verwechseln, für welche heute schon Ohren wachsen? – Erst das Übermorgen gehört mir. Einige werden posthum geboren. Die Bedingungen, unter denen man mich versteht und dann *mit Notwendigkeit* versteht – ich kenne sie nur zu genau ... Neue Ohren für neue Musik. Neue Augen für das Fernste. Ein neues Gewissen für bisher stumm gebliebene Wahrheiten ... Wohlan! Das allein sind meine Leser, meine rechten Leser, meine vorherbestimmten Leser: was liegt am *Rest?* – Der Rest ist bloß Menschheit. – Man muß der Menschheit überlegen sein durch Kraft, durch *Höhe* der Seele – durch Verachtung ...» (Werke, Band VIII, S. 215 f.) Es bedeutet nur eine Steigerung solcher Vorstellungen, wenn Nietzsche sich zuletzt mit Dionysos identifiziert.

So konnte Nietzsche nur denken, weil ihm in seiner Isolierung jede Vorstellung fehlte, inwiefern seine Anschauungen nur Nuancen dessen sind, was sich auch sonst im Geistesleben des neunzehnten Jahrhunderts zur Herrschaft heraufgearbeitet hat. Auch fehlte ihm jede Erkenntnis des Zusammenhanges seiner Ideen mit dem wissenschaftlichen Bestande seines Zeitalters. Was für andere sich als Konsequenz gewisser Voraussetzungen ergibt, steht in seinem Gedankensysteme isoliert da und wächst in dieser Isolierung zu einer Intensität an, die seinen Lieblingsansichten durchaus den Charakter von *Zwangsvorstellungen* verleiht. Seine ganze biologische Auffassung der Moralbegriffe trägt diesen Charakter. Die ethischen Begriffe sollen nichts anderes sein als Äußerungen physiologischer Prozesse. «Was ist Moralität! Ein Mensch, ein Volk hat eine physiologische Veränderung erlitten, empfindet diese im *Gemeingefühl* und deutet sie sich in der Sprache seiner Affekte und *nach dem Grade* seiner Kenntnisse aus, ohne zu merken, daß der Sitz der Veränderung in der Physis ist. Wie als ob einer Hunger hat und meint, mit Begriffen und Gebräuchen, mit Lob und Tadel ihn zu beschwichtigen!» (Werke, Band XII, S. 35.) Solche für eine naturwissenschaftliche Weltanschauung feststehende Begriffe wirken auf Nietzsche als Zwangsvorstellungen, und er spricht von ihnen nicht mit der Ruhe des Erkennenden, der die Tragweite seiner Ideen zu bemessen in der Lage ist, sondern mit der Leidenschaft des Fanatikers und Schwärmers. Der Gedanke von der Auslese der Besten im menschlichen «Kampf ums Dasein», dieser in der Darwinistischen Literatur der letzten Jahrzehnte ganz heimische Gedanke, erscheint bei Nietzsche als die Idee des «Übermenschen». Der Kampf gegen den «Jenseitsglauben», den Nietzsche so leidenschaftlich in seinem «Zarathustra» führt: er ist nur eine andere Form des Kampfes, den die materialistische und monistische Naturlehre führt. Neu an

Nietzsches Ideen ist im Grunde nur der Gefühlston, der sich bei ihm an die Vorstellungen knüpft. Und dieser Gefühlston ist in seiner Intensität nur zu begreifen, wenn man annimmt, daß diese Vorstellungen aus ihrem systematischen Zusammenhange gerissen, wie Zwangsideen auf ihn wirken. So auch ist nur die häufige Wiederholung derselben Vorstellung zu erklären, so der unmotivierte Charakter, mit dem gewisse Gedanken oft auftreten. Dieses völlig Unmotivierte können wir besonders an seiner Idee von der «Ewigen Wiederkunft» aller Dinge und Vorgänge bemerken. Wie ein Komet tritt diese Idee in seinen Werken aus der Zeit von 1882–1888 immer wieder auf. Nirgends erscheint sie in einem inneren Zusammenhange mit dem, was er sonst vorbringt. Zu ihrer Begründung wird so gut wie nichts vorgebracht. Überall aber wird sie wie eine Lehre vorgetragen, die geeignet ist, die allertiefsten Erschütterungen in der ganzen menschlichen Kultur hervorzurufen.

Man kann Nietzsches Geisteskonstitution nicht mit den Begriffen der Psychologie verstehen; man muß die Psycho-Pathologie zu Hilfe rufen. Mit dieser Behauptung soll nichts gegen das Genialische seines Schaffens gesagt werden. Am wenigsten soll damit über Wahrheit oder Irrtum in seinen Ideen selbst etwas entschieden werden. Nietzsches Genie hat mit dieser Untersuchung überhaupt nichts zu tun. Das Genialische erscheint bei ihm durch ein pathologisches Medium hindurch.

Nicht die Genialität Friedrich Nietzsches soll aus seiner kranken Konstitution erklärt werden. Nietzsche war Genie, *trotzdem* er krank war. Ein anderes ist es, die Genialität selbst als krankhaften Geisteszustand erklären; ein anderes die Gesamtpersönlichkeit eines Menschen von Genie unter Berücksichtigung des Morbiden in seinem Wesen begreifen. Man kann ein Anhänger der Ideen Nietzsches sein und doch der Meinung, daß die Art, wie er diese Ideen findet, miteinander verbindet, wie er sie bewertet und vertritt, nur durch psycho-pathologische Begriffe zu verstehen ist. Man kann seinen schönen, großen Charakter, seine merkwürdige Denkerphysiognomie bewundern und doch zugeben, daß in diesen Charakter, in diese Physiognomie morbide Faktoren eingreifen. Das Problem Nietzsche hat gerade dadurch sein großes Interesse, weil ein genialer Mensch Jahre hindurch mit morbiden Elementen kämpft, weil er große Gedanken nur in einem Zusammenhange vorzubringen vermag, der durch die Psycho-Pathologie erklärbar wird. Nicht das Genie selbst, nur die Äußerungsform des Genies soll auf diesem Wege erklärt werden. Die Medizin wird mit ihren Mitteln wichtiges beizutragen haben zur Erklärung des Geistesbildes Nietzsches. Auch auf die Psycho-Pathologie der Massen wird ein Licht fallen, wenn erst die Geistesart Nietzsches selbst verstanden wird. Es ist ja klar, daß nicht der *Inhalt* von Nietzsches Lehre dieser so viele Anhänger zugetragen hat, sondern daß ihre Wirkung vielfach gerade auf der ungesunden Art beruht, wie Nietzsche seine Ideen vertreten hat. Wie ihm seine Gedanken zumeist nicht ein Mittel waren, die Welt und den Menschen zu begreifen, sondern psychische Entladungen, durch die er sich berauschen wollte, so ist das auch bei vielen seiner Anhänger der Fall. Man sehe, wie er selbst das Verhältnis der in seiner «Fröhlichen Wissenschaft» zusammengestellten Gedanken zu seiner Empfindung schildert. «‹Fröhliche Wissenschaft›:

das bedeutet die Saturnalien eines Geistes, der einem furchtbaren langen Drucke geduldig widerstanden hat – geduldig, streng, kalt, ohne sich zu unterwerfen, aber ohne Hoffnung –, und der jetzt mit einem Male von der Hoffnung angefallen wird, von der Hoffnung auf Gesundheit, von der *Trunkenheit* der Genesung. Was Wunder, daß dabei viel Unvernünftiges und Närrisches ans Licht kommt, viel mutwillige Zärtlichkeit, selbst auf Probleme verschwendet, die ein stachliches Fell haben und nicht danach angetan sind, geliebkost und gelockt zu werden. Dies ganze Buch ist eben nichts als eine Lustbarkeit nach langer Entbehrung und Ohnmacht, das Frohlocken der wiederkehrenden Kraft, des neu erwachten Glaubens ...» (Nietzsches Werke, Band V, S. 3 f.) Nicht um Wahrheit handelt es sich in diesem Buche, sondern um Auffindung von Gedanken, an denen ein kranker Geist ein Heilmittel für sich, ein Erheiterungsmittel haben kann.

Ein Geist, der durch seine Gedanken die Welt- und Menschenentwickelung begreifen will, braucht neben der Gabe der Phantasie, die ihn auf diese Gedanken bringt, auch die Selbstzucht, die Selbstkritik, durch die den Gedanken ihre Bedeutung, ihre Tragweite, ihr Zusammenhang angewiesen wird. Diese Selbstzucht ist bei Nietzsche nicht in großem Maße vorhanden. Die Ideen stürmen bei ihm darauf los, ohne durch Selbstkritik in Schranken gewiesen zu werden. Zwischen der Produktivität und der Logik besteht bei ihm kein Wechselverhältnis. Der Intuition steht nicht ein entsprechendes Maß von kritischer Besonnenheit zur Seite.

So berechtigt es ist, den psychopathischen Ursprung gewisser religiöser Vorstellungen und Sekten aufzuweisen, so berechtigt ist es auch, die Persönlichkeit eines Menschen auf einen solchen Ursprung hin zu prüfen, der aus den in der Psychologie in Betracht kommenden Gesetzen nicht zu erklären ist.

FRIEDRICH NIETZSCHES PERSÖNLICHKEIT UND DIE PSYCHO-PATHOLOGIE

I

«Wie die psychischen Vorgänge den Gehirnerregungen parallel gehen, geht die physiologische Psychologie der Hirnphysiologie parallel. Wo die letztere ihr genügende Erkenntnis noch nicht bietet, wird die physiologische Psychologie die psychischen Erscheinungen wohl provisorisch rein als solche erforschen dürfen, jedoch immer geleitet von dem Gedanken, daß auch für diese psychischen Erscheinungen wenigstens die *Möglichkeit* eines Parallelismus zu zerebralen Vorgängen nachgewiesen werden muß.» Auch wenn man diesen Satz *Theodor Ziehens* (vgl. dessen «Leitfaden der physiologischen Psychologie», S. 2) nicht unbedingt unterschreibt, wird man doch zugeben müssen, daß er sich für die Methode der Psychologie außerordentlich fruchtbar erwiesen hat. Unter dem Einflusse der Anschauung, welche er ausdrückt, ist diese Wissenschaft zu wirklich naturwissenschaftlichen Erkenntnissen gelangt. Aber man wird sich auch klar darüber sein müssen, welch bedeutungsvolles Licht auf den Zusammenhang der psychischen Erscheinungen mit den entsprechenden physiologischen Vorgängen gerade die Beobachtung *pathologischer* Seelenerscheinungen wirft. Das *pathologische* Experiment hat sowohl der Psychologie wie der Physiologie die größten Dienste geleistet. Die abnormen Tatsachen des Seelenlebens klären uns über die normalen auf. Besonders wichtig muß es aber erscheinen, die abnormen Erscheinungen bis in die Gebiete hinein zu verfolgen, in denen sich die Seelentätigkeit bis zu den höchsten geistigen Leistungen steigert.

Eine Persönlichkeit wie die Nietzsches bietet zu einer solchen Betrachtung besondere Anhaltspunkte. Ein morbider Kern in seiner Persönlichkeit gab ihm immer und immer wieder Veranlassung, auf die physiologische Grundlage seiner Vorstellungen zurückzugehen. Er hat abwechselnd alle Töne angeschlagen, von der poetischen Diktion bis zu den höchsten Gipfeln der begrifflichen Abstraktion. Er spricht sich mit aller Schärfe darüber aus, wie seine Vorstellungsweise mit seinen körperlichen Zuständen zusammenhängt. «Im Jahre 1879 legte ich meine Basler Professur nieder, lebte den Sommer über wie ein Schatten in St. Moritz und den nächsten Winter, den sonnenärmsten meines Lebens, als Schatten in Naumburg. Dies war mein Minimum. In meinem sechsunddreißigsten Lebensjahre kam ich auf den niedrigsten Punkt meiner Vitalität – ich lebte noch, doch ohne drei Schritte weit vor mich zu sehen. ‹Der Wanderer und sein Schatten› entstand währenddem. Unzweifelhaft, ich verstand mich damals auf Schatten ... Im Winter darauf, meinem ersten Genueser Winter, brachte jene Versüßung und Vergeistigung, die mit einer extremen Armut an Blut und Muskel beinahe bedingt ist, die ‹Morgenröte› hervor. Die vollkommene Helle und Heiterkeit, selbst Exuberanz des Geistes, welche das genannte Werk widerspiegelt, verträgt sich bei mir nicht nur mit der tiefsten physiologischen Schwäche, sondern sogar mit einem Exzeß von Schmerzgefühl. Mitten in Martern, die ein ununterbrochner dreitägiger Gehirn-Schmerz samt mühseligem Schleim-Erbrechen mit sich bringt, – besaß ich eine Dialektiker-Klarheit par excellence und dachte Dinge sehr kaltblütig durch, *zu denen ich in gesünderen Verhältnissen nicht Kletterer, nicht raffiniert, nicht kalt genug bin**. Meine Leser wissen vielleicht, inwiefern ich Dialektik als Dekadenz-Symptome betrachte, zum Beispiel im allerberühmtesten Fall: im Fall des Sokrates.» – (Vgl. M. G. Conrad: «Ketzerblut», S. 186, und Elisabeth Förster-Nietzsche: «Das Leben Friedrich Nietzsches» II, 1, S. 328.)

Nietzsche betrachtet den Wechsel seiner Vorstellungsarten geradezu als das Ergebnis der Veränderlichkeit in seinen körperlichen Zuständen. «Ein Philosoph, der den Gang durch viele Gesundheiten gemacht hat und immer wieder macht, ist auch durch ebensoviele Philosophien hindurchgegangen: er *kann* eben nicht anders, als seinen Zustand jedesmal in die geistigste Form und Ferne umzusetzen, – diese Kunst der Transfiguration *ist* eben Philosophie.» (Werke, Band V, S. 8.) In seinen 1888 niedergeschriebenen Lebenserinnerungen «Ecce homo» spricht Nietzsche davon, wie er aus der Krankheit heraus den Antrieb erhalten hat, eine optimistische Weltauffassung in sich auszubilden: «Denn man gebe acht darauf: die Jahre meiner niedrigsten Vitalität waren es, wo ich *aufhörte*, Pessimist zu sein: der Instinkt der Selbst-Wiederherstellung *verbot* mir eine Philosophie der Armut und Entmutigung.» (Elisabeth Förster-Nietzsche, «Das Leben Friedrich Nietzsches» II, 1, S. 338f.)

Das Widerspruchsvollste in Nietzsches Ideenwelt erscheint von diesem Gesichtspunkte aus begreiflich. In Gegensätzen bewegte sich seine physische Natur. «Man hat nämlich, vorausgesetzt, daß man eine Person ist, notwen-

* Vom Verfasser hervorgehoben.

dig auch die *Philosophie seiner Person**: doch gibt es da einen erheblichen Unterschied. Bei dem einen sind es seine Mängel, welche philosophieren, bei dem andern seine Reichtümer und Kräfte.» (Werke, Band V, S. 5.) Bei Nietzsche selbst ist es abwechselnd einmal das eine, einmal das andere. Solange er sich im Vollbesitz der Jugendkraft befand, nahm er den «Pessimismus des neunzehnten Jahrhunderts als Symptom einer höheren Kraft des Gedankens, einer siegreichen Fülle des Lebens»; er nahm die *tragische* Erkenntnis, die er bei Schopenhauer vorfand, als «den schönsten Luxus unserer Kultur, als deren kostbarste, vornehmste, gefährlichste Art Verschwendung, aber immerhin auf Grund ihres Überreichtums, als ihren *erlaubten* Luxus.» Einen solch *erlaubten* Luxus konnte er in der tragischen Erkenntnis nicht mehr sehen, als das Morbide in seinem Leben die Oberhand bekam. Deswegen schafft er sich nunmehr eine Philosophie der höchstmöglichen Lebensbejahung. Er brauchte nun eine Weltanschauung der «Selbstbejahung, der Selbstverherrlichung», eine Herrenmoral; er brauchte die Philosophie der «Ewigen Wiederkunft». «Ich komme wieder, mit dieser Sonne, mit dieser Erde, mit diesem Adler, mit dieser Schlange – *nicht* zu einem neuen Leben oder besseren Leben oder ähnlichen Leben: – ich komme ewig wieder zu diesem gleichen und seligen Leben, im größten und auch im kleinsten.» – «Denn ein Göttertisch ist die Erde, und zitternd von schöpferischen neuen Worten und Götterwürfen: O, wie sollte ich nicht nach der Ewigkeit brünstig sein und nach dem hochzeitlichen Ring der Ringe, – dem Ring der Wiederkunft?» («Zarathustra», III. T.)

* Vom Verfasser hervorgehoben.

Die unsicheren Angaben, die wir über Nietzsches Vorfahren besitzen, machen ein befriedigendes Urteil darüber leider unmöglich, wie viel von Nietzsches geistiger Eigentümlichkeit auf *Vererbung* zurückzuführen ist. Mit Unrecht ist öfter darauf hingewiesen worden, daß sein Vater an einer Gehirnkrankheit gestorben ist. Dieser hat sich die Krankheit erst nach Nietzsches Geburt durch einen Unfall zugezogen. Nicht unwichtig scheint aber doch zu sein, daß Nietzsche selbst auf ein morbides Element bei seinem Vater hinweist. «Mein Vater starb mit sechsunddreißig Jahren: er war zart, liebenswürdig und morbid, wie ein nur zum Vorübergehen bestimmtes Wesen, – eher eine gütige Erinnerung an das Leben, als das Leben selbst.» – (Vgl. M. G. Conrad, «Ketzerblut», S. 179.) Wenn Nietzsche davon spricht, daß in ihm etwas Dekadentes neben etwas Gesundem lebt, so denkt er offenbar selbst daran, das erstere von seinem Vater, das letztere von seiner Mutter herzuleiten, die eine kerngesunde Frau war.

In Nietzsches Seelenleben finden sich eine Reihe von ans Pathologische grenzenden Zügen, die an *Heinrich Heine* und an *Leopardi* erinnern, die auch sonst viel ähnliches mit ihm haben. Heine wurde von Jugend auf von düstersten Melancholien gequält, litt an traumartigen Zuständen; und auch er wußte später aus der elendesten Körperverfassung, aus zunehmendem Siechtum die Ideen zu schöpfen, die denen Nietzsches nicht ferne stehen. Ja, man findet in Heine geradezu einen Vorläufer Nietzsches in bezug auf die Gegenüberstellung von apollinischer oder ruhig betrachtender Lebensauffassung (vgl. «Die Philosophie Friedrich Nietzsches als psycho-pathologisches Problem», oben, S. 127) und dionysisch-dithyrambischer Lebensbejahung.

Und auch Heines Geistesleben bleibt vom psychologischen Gesichtspunkte aus unerklärlich, wenn man nicht den pathologischen Kern in seiner Natur berücksichtigt, den er von seinem Vater ererbt hat, der eine degenerative, wie ein Schatten durchs Leben schleichende Persönlichkeit war.

Besonders auffällig sind die Ähnlichkeiten in den physiologischen Charakteren Leopardis und Nietzsches. Dieselbe Feinfühligkeit gegenüber Wetter und Jahreszeit, Ort und Umgebung findet sich bei beiden. Leopardi fühlt die geringsten Veränderungen in Thermometer- und Barometerstand. Er konnte nur im Sommer produzieren; er zog umher, stets nach dem für sein Schaffen geeignetsten Aufenthaltsort zu suchen. Nietzsche spricht sich über solche Eigentümlichkeiten seiner Natur in folgender Weise aus: «Jetzt, wo ich die Wirkungen klimatischen und meteorologischen Ursprungs aus langer Übung an mir als an einem sehr feinen und zuverlässigen Instrumente ablese und bei einer kurzen Reise schon, etwa von Turin nach Mailand, den Wechsel in den Graden der Luftfeuchtigkeit physiologisch bei mir nachrechne, denke ich mit Schrecken an die *unheimliche* Tatsache, daß mein Leben bis auf die letzten zehn Jahre, die lebensgefährlichen Jahre, immer sich nur in falschen und mir geradezu *verbotenen* Orten abgespielt hat. Naumburg, Schulpforta, Thüringen überhaupt, Leipzig, Basel, Venedig – ebensoviele Unglücks-Orte für meine Physiologie ...» Mit dieser außergewöhnlichen Sensibilität hängt bei Leopardi sowohl wie bei Nietzsche eine Mißachtung aller altruistischen Gefühle zusammen. Für beide gehört es zu den Überwindungen, die Menschen zu ertragen. Aus Nietzsches eigenen Worten kann man ersehen, daß ihm die Scheu vor starken Eindrücken, vor Reisen, die seiner Empfindlichkeit zu viel zumuten, das Mißtrauen gegen die selbstlosen Triebe einflößt. Er sagt: «Ich werfe den Mitleidigen vor, daß ihnen die *Scham*, die *Ehrfurcht*, das *Zartgefühl** vor Distanzen leicht abhanden kommt.» Auch für Leopardi war es gewiß, daß ein erträglicher Mensch nur selten zu finden ist; er begegnete dem Elend mit Ironie und Bitterkeit, wie Nietzsche es zu seinem Grundsatz machte: «Die Schwachen und Mißratenen sollen zugrunde gehen: erster Satz *unserer* Menschenliebe. Und man soll ihnen noch dazu helfen.» (Werke, Band VIII, S. 218.) Nietzsche sagt vom Leben, es sei «*wesentlich* Aneignung, Verletzung, Überwältigung des Fremden und Schwächeren, Unterdrückung, Härte, Aufzwängung eigner Formen, Einverleibung und mindestens, mildestens, Ausbeutung». («Jenseits von Gut und Böse», § 259.) Ebenso ist das Leben für Leopardi ein unaufhörlicher, furchtbarer Kampf, in dem die einen die andern zertreten.

Wie sehr bei beiden diese Gedanken in das Pathologische hinüberspielen, das geht aus der vollständig irrationellen Art hervor, wie sie zu ihnen kommen. Nicht durch logische Erwägungen, wie etwa der Nationalökonom Malthus und der Philosoph Hobbes, oder durch sorgfältige Beobachtungen wie *Darwin* werden sie zu dem Gedanken des Kampfes ums Dasein getrieben, sondern durch die erwähnte, hochgesteigerte Sensibilität, welche die Ursache ist, daß jeder äußere Reiz als feindlicher Eingriff mit einem heftigen Abwehraffekt beantwortet wird. Man kann das bei Nietzsche ganz klar nachweisen. Er findet den Gedanken des Kampfes ums Dasein bei Darwin. Er lehnt ihn nicht ab; aber er deutet ihn so um, wie es seiner gesteigerten

* Vom Verfasser hervorgehoben.

Sensibilität entspricht: «Gesetzt aber, es gibt diesen Kampf – und in der Tat, er kommt vor – so läuft er leider umgekehrt aus, als die Schule Darwins wünscht, als man vielleicht mit ihr wünschen *dürfte:* nämlich zu Ungunsten der Starken, der Bevorrechtigten, der glücklichen Ausnahmen. Die Gattungen wachsen *nicht* in der Vollkommenheit: die Schwachen werden immer wieder über die Starken Herr, – das macht, sie sind die große Zahl, sie sind auch *klüger* ... Darwin hat den Geist vergessen (– das ist englisch!), *die Schwachen haben mehr Geist* ... Wer die Stärke hat, entschlägt sich des Geistes.» (Werke, Band VIII, S. 128.)

Ohne Zweifel bedingen sich bis zu einem gewissen Grade die gesteigerte Sensibilität und der Trieb, seine Beobachtungen vorzugsweise auf die eigene Persönlichkeit zu lenken. Allseitig gesunde und harmonische Naturen wie zum Beispiel *Goethe* finden sogar in der weitgehenden Selbstbeobachtung etwas Bedenkliches. In vollem Gegensatze zu Nietzsches Vorstellungsart steht Goethes Ansicht: «Nehmen wir das bedeutende Wort vor: *erkenne dich selbst*, so müssen wir es nicht im asketischen Sinne auslegen. Es ist keineswegs die Heautognosie unserer modernen Hypochondristen, Humoristen und Heautontimorumenen damit gemeint; sondern es heißt ganz einfach: gib einigermaßen acht auf dich selbst, nimm Notiz von dir selbst, damit du gewahr werdest, wie du zu deinesgleichen und der Welt zu stehen kommst. Hierzu bedarf es keiner psychologischen Quälereien; jeder tüchtige Mensch weiß und erfährt, was es heißen soll; es ist ein guter Rat, der einem jeden praktisch zum größten Vorteil gereicht ... Wie kann man sich kennen lernen? Durch Betrachten niemals, wohl aber durch Handeln. Versuche, deine Pflicht zu tun, und du weißt gleich, was an dir ist.» Nun wissen wir, daß auch Goethe eine feine Sensibilität besaß. Aber er besaß zugleich das notwendige Gegengewicht: die Fähigkeit, die er selbst in bezug auf andere am trefflichsten in einem Gespräche mit Eckermann am 20. Dezember 1829 beschrieben hat: «Das Außerordentliche, was ausgezeichnete Talente leisten, setzt eine sehr zarte Organisation voraus, damit sie seltener Empfindungen fähig sein ... mögen. Nun ist eine solche Organisation im Konflikt mit der Welt und den Elementen leicht gestört und verletzt, und wer nicht, wie Voltaire, mit großer Sensibilität eine außerordentliche Zähigkeit verbindet, ist leicht einer fortgesetzten Kränklichkeit unterworfen.» Diese Zähigkeit fehlt Naturen wie Nietzsche und Leopardi. Sie würden sich an ihre Eindrücke, an die auf sie ausgeübten Reize völlig verlieren, wenn sie sich nicht künstlich gegen die Außenwelt abschließen würden, ja sich ihr feindlich gegenüberstellten. Man vergleiche mit der Überwindung, die Nietzsche im Umgang mit Menschen brauchte, Goethes Wohlgefallen an diesem Umgang, das er mit den Worten schildert: «Geselligkeit lag in meiner Natur; deswegen ich bei vielfachem Unternehmen mir Mitarbeiter gewann und mich ihnen zum Mitarbeiter bildete und so das Glück erreichte, mich in ihnen und sie in mir fortleben zu sehen.»

II

Eine im Geistesleben Nietzsches höchst auffallende Erscheinung ist die stets bei ihm *latent* vorhandene, zuweilen aber deutlich hervortretende *Verdoppelung* des Selbstbewußtseins. Das «zwei Seelen wohnen, ach! in meiner Brust» grenzt bei ihm ans Pathologische. Er kann den

Ausgleich zwischen den «zwei Seelen» nicht herbeiführen. Seine Polemiken sind kaum anders als von diesem Gesichtspunkte aus zu verstehen. Er trifft mit seinen Urteilen fast niemals wirklich den Gegner. Er legt sich das, was er angreifen will, erst in der merkwürdigsten Art zurecht und kämpft dann gegen ein Wahnbild, das der Wirklichkeit recht ferne steht. Man begreift dies erst, wenn man erwägt, daß er im Grunde nie gegen einen äußeren Feind, sondern gegen *sich selbst* kämpft. Und er kämpft am heftigsten, wenn er zu einer anderen Zeit selbst auf dem Standpunkt gestanden hat, den er als gegnerischen ansieht, oder wenn dieser Standpunkt wenigstens eine bestimmende Rolle in seinem Seelenleben spielt. Sein Feldzug gegen *Wagner* ist nur ein Feldzug gegen sich selbst. Er hat sich in einer Zeit, in der er zwischen sich widerstreitenden Ideenkreisen hin- und hergeworfen wurde, halb unwillkürlich an Wagner angeschlossen. Er wurde mit ihm persönlich befreundet. Wagner wuchs in seinen Augen ins Unermeßliche. Er nennt ihn seinen «Jupiter», bei dem er von Zeit zu Zeit aufatmet: «Ein fruchtbares, reiches, erschütterndes Leben, ganz abweichend und unerhört unter mittleren Sterblichen! Dafür steht er auch da, festgewurzelt durch eigene Kraft, mit seinem Blick immer drüber hinweg über alles Ephemere, und unzeitgemäß im schönsten Sinne.» (E. Förster-Nietzsche, «Das Leben Friedrich Nietzsches», II, 1, S. 16.) Nietzsche bildete nunmehr in sich eine Philosophie aus, von der er sich sagen konnte, daß sie sich vollständig mit Wagners Kunstrichtung und Lebensauffassung deckt. Er identifiziert sich vollständig mit Wagner. Er betrachtet ihn als den ersten großen Erneuerer der tragischen Kultur, die einst im alten Griechenland einen bedeutsamen Anfang erlebt hat, die aber durch die klügelnde Verstandesweisheit Sokrates' und durch die Einseitigkeit Platos zurückgedrängt worden sein soll und nur noch einmal im Zeitalter der Renaissance eine Wiederbelebung von kurzer Dauer erfahren hatte. Was er als Wagners Mission erkannt zu haben glaubt, macht Nietzsche zum Inhalt seines eigenen Wirkens. Nun kann man aber in seinen «Nachgelassenen Schriften» sehen, wie er unter dem Einfluß Wagners sein zweites Ich vollkommen zurückdrängt. Innerhalb dieser Schriften finden sich Ausführungen aus der Zeit *vor* und *während* seiner Wagner-Begeisterung, die in der ganz entgegengesetzten Richtung des Empfindens und Denkens sich bewegen. Dennoch formt er sich von Wagner ein Idealbild, das nicht in Wirklichkeit, sondern nur in seiner Phantasie lebt. Und in diesem Idealbild geht sein Ich vollständig auf. Später treten in diesem Ich die Vorstellungskreise auf, die den Gegensatz zur Wagnerschen Anschauungsweise bilden. Er wird nun im wahren Sinne des Wortes der heftigste Gegner seiner eigenen Gedankenwelt. Denn er bekämpft nicht den Wagner der Wirklichkeit; er bekämpft das Bild, das er sich früher von Wagner gemacht hat. Seine Leidenschaftlichkeit, seine Ungerechtigkeit ist nur verständlich, wenn man sieht, wie er deshalb so heftig wird, weil er etwas bekämpft, das ihn selbst seiner Meinung nach ruiniert hat, das ihn von seinem eigentlichen Wege abgebracht hat. Hätte er wie ein anderer Zeitgenosse Wagners diesem objektiv gegenübergestanden, so wäre er vielleicht auch später dessen Gegner geworden. Aber er wäre der ganzen Angelegenheit ruhiger, kühler abwägend gegenüber gestanden. Es kommt ihm auch zum Bewußtsein, daß er nicht von

Wagner loskommen will, sondern nur von seinem eigenen «Ich», wie es sich in einer bestimmten Zeit ausgebildet hat. Er sagt: «Wagner den Rücken zu kehren, war für mich ein Schicksal; irgend etwas nachher wieder gern zu haben, ein Sieg. Niemand war vielleicht gefährlicher mit der Wagnerei verwachsen, niemand hat sich härter gegen sie gewehrt, niemand sich mehr gefreut, von ihr los zu sein. Eine lange Geschichte! – Will man ein Wort dafür? – Wenn ich Moralist wäre, wer weiß, wie ich's nennen würde! Vielleicht *Selbstüberwindung*. – Was verlangt ein Philosoph am ersten und letzten von sich? Seine Zeit in sich zu überwinden, «zeitlos» zu werden. Womit also hat er seinen härtesten Strauß zu bestehn? Mit dem, worin gerade er das Kind seiner Zeit ist. Wohlan! Ich bin so gut wie Wagner das Kind dieser Zeit, will sagen ein décadent: nur daß ich das begriff, nur daß ich mich dagegen wehrte. Der Philosoph in mir wehrte sich dagegen.» (Werke, Band VIII, S. 1.)

Noch klarer spricht er in folgenden Worten aus, wie er die Zweiteilung seines Ich und den unvermittelten Gegensatz der Gedankenwelten in seinem Bewußtsein empfand: «Wer seine Zeit angreift, kann nur *sich* angreifen: was kann er denn sehen, wenn nicht sich? So kann man *im andern auch nur sich verherrlichen**. Selbstvernichtung, Selbstvergötterung, Selbstverachtung – das ist unser Richten, Lieben, Hassen.» (Werke, Band XI, S. 92.)

Im Herbst 1888 kann sich Nietzsche mit dem Inhalt seiner Schrift «Richard Wagner in Bayreuth» gar nicht mehr anders abfinden, als daß er sich zurechtlegt: er habe gar nicht Wagner gemeint, sondern sich selbst. «Ein Psychologe dürfte noch hinzufügen, daß, was ich in jungen

* Vom Verfasser hervorgehoben.

Jahren bei Wagnerischer Musik gehört habe, nichts überhaupt mit Wagner zu tun hat; daß, wenn ich die dionysische Musik beschrieb, ich das beschrieb, was *ich* gehört hatte, – daß ich instinktiv alles in den neuen Geist übersetzen und transfigurieren mußte, den ich in mir trug. Der Beweis dafür, *so stark als nur ein Beweis sein kann*, ist meine Schrift ‹Wagner in Bayreuth›: an allen psychologisch *entscheidenden* Stellen ist *nur von mir die Rede**, – man darf rücksichtslos meinen Namen oder das Wort ‹Zarathustra› hinstellen, wo der Text das Wort Wagner gibt. Das ganze Bild des *dithyrambischen* Künstlers ist das Bild des *präexistenten* Dichters des ‹Zarathustra›, mit abgründlicher Tiefe hingezeichnet und ohne einen Augenblick die Wagnersche Realität auch nur zu berühren. Wagner selbst hatte einen Begriff davon; er erkannte sich in der Schrift nicht wieder.» (E. Förster-Nietzsche, «Das Leben Friedrich Nietzsches», II, 1, S. 259.)

Nietzsche kämpft fast immer, wo er kämpft, gegen sich selbst. Als er in der ersten Zeit seines schriftstellerischen Wirkens heftig gegen die Philologie zu Felde zog: da war es der Philologe in ihm, den er bekämpfte, dieser ausgezeichnete Philologe, der vor der Ablegung des Doktorexamens bereits zum Universitätsprofessor ernannt worden war. Als er, von 1876 ab, mit seinem Kampf gegen die Ideale begann, da hatte er seinen eigenen Idealismus im Auge. Und als er am Ende seiner Schriftstellerlaufbahn seinen beispiellos heftigen «Antichrist» schrieb, da war es wieder nichts anderes als das heimliche Christliche in ihm selber, wodurch er herausgefordert wurde. Er hatte keinen besonderen Kampf in sich selbst führen müssen, um vom Christentum loszukommen. Aber er ist auch nur mit der

* Vom Verfasser hervorgehoben.

Vernunft, mit der einen Seite seines Wesens losgekommen; mit seinem Herzen, mit seiner Gefühlswelt, in seiner praktischen Lebensführung blieb er den christlichen Vorstellungen treu. Er trat als leidenschaftlichster Gegner einer Seite seines eigenen Wesens auf. «Man muß das Verhängnis aus der Nähe gesehen haben, noch besser, man muß es an sich erlebt, man muß an ihm fast zugrunde gegangen sein, um hier keinen Spaß mehr zu verstehen, – die Freigeisterei unserer Herren Naturforscher und Physiologen ist in meinen Augen ein *Spaß* – ihnen fehlt die Leidenschaft in diesen Dingen, das *Leiden* an ihnen.» Wie Nietzsche den Zwiespalt in seinem Innern fühlte, und wie er sich ohnmächtig wußte, die verschiedenen Mächte seines Innern in einer Einheit des Bewußtseins auszugleichen, das zeigt der Schluß eines Gedichtes aus dem Sommer 1888, also aus der Zeit kurz vor der Katastrophe:

«Jetzt –
zwischen zwei Nichtse
eingekrümmt,
ein Fragezeichen,
ein müdes Rätsel –
ein Rätsel für *Raubvögel* ...
– sie werden dich schon ‹lösen›,
sie hungern schon nach deiner ‹Lösung›,
sie flattern schon um dich, ihr Rätsel,
um dich, Gehenkter! ...
Oh Zarathustra! ...
Selbstkenner! ...
Selbsthenker.»

(Werke, Band VIII, S. 369.)

Diese Unsicherheit über sich selbst drückt sich bei Nietzsche auch darin aus, daß er am Ende seiner Laufbahn geradezu seine ganze Entwickelung umdeutet. Seine Weltanschauung hat eine ihrer Quellen im griechischen Altertume. Man kann überall in seinen Schriften nachweisen, einen wie großen Einfluß die Griechen auf ihn gehabt haben. Er wird nicht müde, die Höhe der griechischen Kultur fortwährend zu betonen. 1875 schreibt er: «Die Griechen als das einzig geniale Volk der Weltgeschichte; auch als Lernende sind sie dies, sie verstehn dies am besten und wissen nicht bloß zu schmücken und zu putzen mit dem Entlehnten: wie es die Römer tun. – Das Genie macht alle Halbbegabten tributpflichtig: so schickten Perser selbst ihre Gesandtschaften an die griechischen Orakel. – Wie stechen die Römer durch ihren trocknen Ernst gegen die genialen Griechen ab!» (Werke, Band X, S. 352.) Und welch schöne Worte fand er 1873 für die ersten griechischen Philosophen: «Jedes Volk wird beschämt, wenn man auf eine so wunderbar idealisierte Philosophengesellschaft hinweist, wie die der altgriechischen Meister Thales, Anaximander, Heraklit, Parmenides, Anaxagoras, Empedokles, Demokrit und Sokrates. Alle jene Männer sind ganz aus *einem* Stein gehauen. Zwischen ihrem Denken und ihrem Charakter herrscht strenge Notwendigkeit ... So bilden sie zusammen das, was Schopenhauer im Gegensatz zu der Gelehrten-Republik eine Genialen-Republik genannt hat: ein Riese ruft dem anderen durch die öden Zwischenräume der Zeiten zu, und ungestört durch mutwilliges, lärmendes Gezwerge, welches unter ihnen wegkriecht, setzt sich das hohe Geistergespräch fort ... Gleich das erste Erlebnis der Philosophie auf griechischem Boden, die

Sanktion der sieben Weisen, ist eine deutliche und unvergeßliche Linie am Bilde des Hellenischen. Andere Völker haben Heilige, die Griechen haben Weise ... Das Urteil jener Philosophen über das Leben und das Dasein überhaupt besagt so sehr viel mehr als ein modernes Urteil, weil sie das Leben in einer üppigen Vollendung vor sich hatten, und weil bei ihnen nicht wie bei uns das Gefühl des Denkers sich verwirrt in dem Zwiespalt des Wunsches nach Freiheit, Schönheit, Größe des Lebens und des Triebes nach Wahrheit, die nur frägt: was ist das Leben überhaupt wert?» (Werke, Band X, S. 7ff.) Immer stand Nietzsche dieser griechische Weise als ein Ideal vor Augen; er suchte ihm mit der einen Seite seines Wesens gleichzukommen; *mit der andern aber verleugnet er ihn.* In der «Götzen-Dämmerung» (1888) (Werke, Band VIII, S. 167) lesen wir nach der Schilderung dessen, was er den Römern verdanken will: «Den Griechen verdanke ich durchaus keine verwandt starken Eindrücke; und, um es geradezu herauszusagen, sie *können* uns nicht sein, was die Römer sind. Man *lernt* nicht von den Griechen – ihre Art ist zu fremd, sie ist auch zu flüssig, um imperativisch, um ‹klassisch› zu wirken. Wer hätte je an einem Griechen schreiben gelernt! Wer hätte es je *ohne* die Römer gelernt!» ... «Die prachtvoll geschmeidige Leiblichkeit, der verwegene Realismus und Immoralismus, der dem Hellenen eignet, ist eine *Not*, nicht eine ‹Natur› gewesen. Er folgte erst, er war nicht von Anfang an da. Und mit Festen und Künsten wollte man auch nichts anderes, als sich *obenauf* fühlen, sich obenauf *zeigen:* es sind Mittel, sich selber zu verherrlichen, unter Umständen vor sich Furcht zu machen ... Die Griechen auf deutsche Manier nach ihren Philosophen beurteilen, etwa die Biedermännerei der sokratischen Schulen zu Aufschlüssen darüber benützen, *was* im Grunde hellenisch sei! ... Die Philosophen sind ja die décadents des Griechentums ...»

Man wird über manche Ausführungen Nietzsches erst volle Klarheit gewinnen, wenn man die Tatsache, daß seine philosophischen Gedanken auf Selbstbeobachtung beruhen, zusammenhält mit der andern, daß dieses Selbst kein in sich harmonisches, sondern ein in sich zersplittertes war. Diese Zersplitterung brachte er auch in seine Welterklärung. Im Hinblicke auf *sich* konnte er sagen: «Müssen wir es uns nicht eingestehn, wir Künstler, daß es eine unheimliche Verschiedenheit in uns gibt, daß unser Geschmack und andrerseits unsre schöpferische Kraft auf eine wunderliche Weise für sich stehn, für sich stehn bleiben und ein Wachstum für sich haben, – ich will sagen, ganz verschiedene Grade und Tempi von alt, jung, reif, mürbe, faul? So daß zum Beispiel ein Musiker zeitlebens Dinge schaffen könnte, die dem, was sein verwöhntes Zuhörer-Ohr, Zuhörer-Herz schätzt, schmeckt, vorzieht, *widersprechen*: – er brauchte noch nicht einmal um diesen Widerspruch zu wissen!» (Werke, Band V, S. 323.) Dies ist eine Erklärung der Künstlernatur nach Nietzsches eigener Wesenheit gebildet. Ein ähnliches begegnet uns bei ihm in allen seinen Schriften.

Es ist kein Zweifel, daß man in manchen Fällen zu weit geht, wenn man Erscheinungen des Seelenlebens mit pathologischen Begriffen in Zusammenhang bringt; bei einer Persönlichkeit wie Nietzsche zeigt sich, daß die Weltanschauung nur durch einen solchen Zusammenhang volle Erklärung findet. So nützlich es in mancher Beziehung sein mag, an dem Satz *Diltheys* («Dichterische Einbildungskraft und Wahnsinn», Leipzig 1886) festzuhalten: «*Das Genie ist keine pathologische* Erscheinung, sondern der *gesunde*, *der vollkommene Mensch*», so verfehlt wäre es, sich jede solche Betrachtung, wie sie hier über Nietzsche geliefert worden ist, durch ein derartiges *Dogma* abzuschneiden.

DIE PERSÖNLICHKEIT FRIEDRICH NIETZSCHES

Eine Gedächtnisrede
Berlin, 13. September 1900

Seltsam, innerhalb der Schwärmerei für Nietzsche in unseren Tagen, muß jemand erscheinen, der mit seinen Gefühlen nicht weniger als viele andere zu der eigenartigen Persönlichkeit hingezogen wird und der sich dennoch den tiefen Widerspruch unablässig vor Augen halten muß, welcher besteht zwischen der Art dieses Geistes und den Ideen und Empfindungen derer, die sich wie Bekenner seiner Weltanschauung gebärden. Ein solch abseits Stehender muß vor allen Dingen des Gegensatzes gedenken in dem Verhältnis der Zeitgenossen zu Nietzsche vor einem Jahrzehnt, als die Nacht des Wahnsinns über den «Kämpfer gegen seine Zeit» hereinbrach, und demjenigen, das bestand, als ihn am 25. August 1900 der Tod von uns nahm. Scheint doch das völlige Gegenteil bei dem eingetreten zu sein, was Nietzsche über seine Wirkung bei den Zeitgenossen in den letzten Tagen seines Schaffens vorausgesagt hat. Der erste Teil des Buches, durch das er die Werte von Jahrtausenden umzuprägen gedachte, sein «Antichrist», lag bei seiner Erkrankung fertig vor. Er hebt mit den Worten an: «Dies Buch gehört den Wenigsten. Vielleicht lebt selbst noch keiner von ihnen. Es mögen die sein, welche meinen Zarathustra verstehn: wie *dürfte* ich mich mit denen verwechseln, für welche heute schon Ohren wachsen? – Erst das Übermorgen gehört mir. Einige werden posthum geboren.» Es war, als ob bei seinem Tode das «Übermorgen» schon da gewesen wäre. Man muß in dieses scheinbare «Übermorgen» die Zarathustra-Worte hineinrufen: «Ihr sagt, ihr glaubt an

Zarathustra? Aber was liegt an Zarathustra? Ihr seid meine Gläubigen: aber was liegt an allen Gläubigen! – – – Nun heiße ich euch, mich verlieren und *euch* finden; und erst, wenn ihr mich alle verleugnet habt, will ich euch wiederkehren.» Ob Nietzsche, wenn er heute in frischem Schaffen noch lebte, mit größerem Wohlgefallen auf diejenigen blicken würde, die ihn *zweifelnd* verehren, oder auf andere – wer dürfte wagen, das zu entscheiden. Aber erlaubt muß es sein, gerade heute über die Köpfe seiner gegenwärtigen Verehrer hinweg auf die Zeit zu blicken, in der er sich einsam und unverstanden fühlte inmitten des ihn umgebenden Geisteslebens und in der einige lebten, die es als eine Blasphemie empfunden hätten, sich seine «Gläubigen» zu nennen, weil er ihnen als ein Geist erschienen ist, dem man nicht aufdringlich mit einem «Ja» oder «Nein» begegnet, sondern wie ein Erdbeben im Reiche des Geistes, das aufrüttelt zu Fragen, für welche vorzeitige Antworten nur unreifen Früchten gleichen könnten. Viel erschütternder, als die Nachricht von seinem Tode jetzt, trafen vor etwas mehr als zehn Jahren die «Ohren», die den damaligen Nietzsche-Verehrern «gewachsen» waren, zwei Nachrichten, die sich in nicht allzu großer zeitlicher Entfernung folgten. Die eine betraf einen Zyklus von Vorlesungen, den *Georg Brandes* über die Weltanschauung Nietzsches an der Universität in Kopenhagen im Jahre 1888 gehalten hat. Nietzsche empfand *diese* Anerkennung als eine solche, wie sie von den «Einigen» ausgehen mußte, die «posthum geboren» werden. Er empfand sich aus seiner Einsamkeit in einer Art gerissen, die *seinem* Geiste entsprach. Er wollte nicht *gewertet*: er wollte «beschrieben», charakterisiert sein. Und bald auf diese Nachricht folgte die andere, daß der also seiner Einsamkeit entrissene Geist dem furchtbaren Schicksal geistiger Umnachtung verfallen sei.

Und während er selbst nicht mehr mitwirken konnte, hatten die Zeitgenossen Muße, die Umrisse seines Bildes zu schärfen. Durch die Betrachtung seiner Persönlichkeit konnte sich ihnen das Zeitbild immer mehr ausprägen, von dem sein Geist wie eine Böcklinsche Gestalt sich abhebt. Es durften die Ideenwelten in seiner Seele beleuchtet werden mit dem Lichte, das die Geistes-Sterne von der zweiten Jahrhundert-Hälfte auf sie warfen. Da trat mit völliger Klarheit hervor, worinnen er eigentlich groß ist. Es trat aber auch hervor, warum er so einsam wandeln mußte. Seine Wesensanlage führte ihn über Höhen des Geisteslebens. Er schritt dahin wie einer, den nur das *Wesentliche* der Menschheitsentwickelung etwas angeht. Aber dieses Wesentliche berührte ihn so, wie andere Menschen nur die intimsten Angelegenheiten ihrer Seele. Wie auf den Gemütern anderer nur ganz persönliche Erlebnisse lasten, so unmittelbar, so einschneidend zogen durch seine Seele die großen Kulturfragen, die gewaltigen Erkenntnis-Bedürfnisse seines Zeitalters. Was viele seiner Zeitgenossen mit dem Kopfe allein durchlebten, das wurde ihm eine persönliche Herzenssache.

Die griechische Kultur, die Weltanschauung Schopenhauers, das Musikdrama Wagners, die Erkenntnisse der neueren Naturwissenschaften lösten bei ihm Gefühle aus, so persönlich, so tief wie bei anderen die Erlebnisse einer starken Liebesleidenschaft. Was das ganze Zeitalter an Hoffnungen und Zweifeln, an Versuchungen und Erkenntnisfreuden durchlebte, das durchlebte Nietzsche in einsamer Höhe auf seine besondere Art. Er fand keine neuen

Ideen: aber er litt und freute sich an den Ideen seiner Zeit in einer Weise, die unterschieden war von der seiner Zeitgenossen. Ihnen war es auferlegt, die Ideen zu gebären: vor ihm erstand die schwere Frage: *wie läßt sich mit diesen Ideen leben?*

Sein Bildungsgang hatte Nietzsche zum Philologen gemacht. Er hatte sich in die große Welt der griechischen Geisteskultur so vertieft, daß sein Lehrer *Ritschl* ihn der Universität Basel, die den jungen Gelehrten berief, bevor er Doktor geworden war, mit den Worten empfehlen durfte: Friedrich Nietzsche kann alles, was er will. – Er leistete wohl im Sinne der Anforderungen, die man an Philologen stellt, das Vorzüglichste. Aber sein Verhältnis zur griechischen Kultur war nicht nur das eines Philologen. Er lebte nicht bloß mit dem Geiste im alten Hellas; er ging mit seinem Herzen völlig in griechischem Denken und Fühlen auf. Die griechischen Kulturträger blieben nicht die Gegenstände seines Studiums; sie wurden seine persönlichen Freunde. In der ersten Zeit seiner Basler Lehrtätigkeit arbeitete er eine Schrift über die Philosophen des tragischen Zeitalters vor Sokrates aus. Sie ist aus seinem Nachlasse veröffentlicht worden. Er schreibt nicht wie ein Gelehrter über Thales, Heraklit und Parmenides; er unterredet sich mit diesen Gestalten der Vorzeit wie mit Persönlichkeiten, denen sein Herz intim zugetan ist. Die Leidenschaft, die er für sie empfindet, läßt ihn zum Fremdling werden in der abendländischen Kultur, die, nach seiner Empfindung, seit Sokrates andere Wege eingeschlagen hat als in jenen alten Zeiten. Sokrates wird Nietzsches Feind, weil er die große tragische Grundstimmung seiner Vorgänger abgestumpft hat. Der lehrhafte Geist des Sokrates strebte nach dem Begreifen der Wirklichkeit. Er wollte die Versöhnung mit dem Leben durch die Tugend. Nichts aber kann, im Sinne Nietzsches, den Menschen mehr herabziehen als die Hinnahme des Lebens, wie es ist. Das Leben kann nicht mit sich selbst versöhnen. Der Mensch kann dies Leben nur ertragen, wenn er über dasselbe *hinausschafft*. Das haben die Griechen vor Sokrates begriffen. Ihre Grundstimmung glaubte Nietzsche ausgedrückt zu finden in den Worten, die nach der Sage der weise Silen, der Begleiter des Dionysus, auf die Frage zur Antwort gab, was für die Menschen das Beste sei. «Elendes Eintagsgeschlecht, des Zufalls Kinder und der Mühsal, was zwingst du mich, dir zu sagen, was nicht zu hören für dich das Ersprießlichste ist? Das allerbeste ist für dich gänzlich unerreichbar: nicht geboren zu sein, nicht zu *sein*, *nichts* zu sein. Das zweitbeste aber ist für dich – bald zu sterben.» Einen Trost gegenüber dem Leben suchte die alte griechische Kunst und Weisheit. Nicht *dieser* Lebensgemeinschaft wollten die Dionysusdiener angehören, sondern einer höheren. Das drückte sich für Nietzsche in ihrem Kultus aus. «Singend und tanzend äußert sich der Mensch als Mitglied einer höheren Gemeinsamkeit: Er hat das Gehen und Sprechen verlernt und ist auf dem Wege, tanzend in die Lüfte emporzufliegen.» Zwei Wege hat der Mensch, die ihn über das Dasein hinwegführen: er kann in seliger Verzauberung, wie in einem Rauschzustand, das Dasein vergessen, und «singend und tanzend» sich mit der Allseele eins fühlen; oder er kann an einem Idealbild der Wirklichkeit, wie an einem Traum, der leicht über das Dasein hinweghuscht, seine Befriedigung suchen. Als dionysischen und apollinischen Stimmungszustand charakterisiert Nietzsche diese beiden Wege. Die neuere Kultur hat aber, seit Sokrates, die Versöhnung mit dem Dasein gesucht, und dadurch den Menschenwert erniedrigt. Kein Wunder, daß Nietzsche sich mit solchen Gefühlen einsam in dieser neueren Kultur fühlte.

Zwei Persönlichkeiten schienen ihn aus dieser Einsamkeit zu reißen. *Schopenhauers* Anschauung von dem Unwert des Daseins und *Richard Wagner* begegneten ihm auf seinem Lebenswege. Wie er sich zu beiden stellte, beleuchtet hell das Wesen seines Geistes. Zu Schopenhauer empfand er eine Hingebung, wie sie inniger nicht zu denken ist. Und doch blieb ihm dessen *Lehre* fast bedeutungslos. Der Frankfurter Weise hat unzählige Anhänger gehabt, die gläubig hinnahmen, was er gesagt hat. Nietzsche gehörte unter diese Gläubigen wohl nie. In derselben Zeit, in der er seinen Hymnus «Schopenhauer als Erzieher» in die Welt hinaussandte, schrieb er sich insgeheim seine schweren Bedenken gegen des Philosophen Ansichten auf. Nicht wie zu einem Lehrer blickte er zu ihm auf; er liebte ihn wie einen Vater. Er empfand das Heroische seiner Gedanken auch da, wo er ihnen nicht zustimmte. Sein Verhältnis zu Schopenhauer war zu intim, um den äußeren Glauben an ihn, das Bekenntnis zu ihm nötig zu haben. Er *liebte* seinen «Erzieher» so, daß er die eigenen Gedanken ihm beilegte, um sie bei einem anderen verehren zu können. Er wollte nicht in Gedanken mit einer Persönlichkeit übereinstimmen; er wollte in Freundschaft mit einem andern *leben*. – Dieser Wille zog ihn auch zu Richard Wagner. Was waren doch alle die Gestalten des vorsokratischen Griechentums, mit denen er hatte in Freundschaft leben wollen? Es waren doch nur Schatten aus einer fernen

Vergangenheit. Und Nietzsche strebte nach Leben, nach der unmittelbaren Freundschaft tragischer Menschen. Tot und abstrakt blieb ihm die griechische Kultur bei allem Leben, das ihr seine Phantasie einzuhauchen versuchte. Eine *Sehnsucht* blieben ihm die griechischen Geistesheroen, eine *Erfüllung* war ihm Richard Wagner, der ihm in seiner Persönlichkeit, in seiner Kunst, in seiner Weltanschauung die alte Griechenwelt wieder zu erwecken schien. Nietzsche verlebte die herrlichsten Tage, wenn er von Basel aus das Wagnersche Ehepaar auf dessen Triebschener Landgut aufsuchen durfte. Was der Philologe im Geiste gesucht hatte, griechische Luft zum Atmen, hier glaubte er sie in Wirklichkeit zu finden. Er konnte ein *persönliches* Verhältnis finden zu einer Welt, die er vordem in der Vorstellung gesucht hatte. Er konnte *intim erleben*, was er sich sonst nur in Gedanken hätte vorzaubern können. Wie seine Heimat empfand er das Triebschener Idyll. Wie bezeichnend sind die Worte, mit denen er dieses sein Empfinden in bezug auf Wagner umschreibt: «Ein fruchtbares, reiches, erschütterndes Leben, ganz abweichend und unerhört unter mittleren Sterblichen! Dafür steht er auch da, festgewurzelt durch eigne Kraft, mit seinem Blick drüber hinweg über alles Ephemere, und unzeitgemäß im schönsten Sinne.»

In Richard Wagners Persönlichkeit glaubte Nietzsche die höheren Welten zu haben, die ihm das Leben so erträglich machen konnten, wie er sich das im Sinne der alten griechischen Weltanschauung dachte. Hat er aber damit nicht gerade in *seinem* Sinne den größten Irrtum begangen? Er hatte ja *im Leben* gesucht, was seinen Voraussetzungen nach das Leben nie bieten konnte. *Über* das Leben wollte er hinaus; und er stürzte sich mit aller Kraft in das Leben, das Wagner lebte. Es ist deshalb begreiflich, daß sein größtes Erlebnis zugleich seine bitterste Enttäuschung werden mußte. Um in Wagner finden zu können, was er suchte, mußte er sich die wirkliche Persönlichkeit Wagners erst zum Idealbild vergrößern. Was Wagner nie hat sein können, das hat Nietzsche aus ihm gemacht. Er hat nicht den wirklichen Wagner gesehen und verehrt, er hat sein die Wirklichkeit weit überragendes Bild verehrt. Als dann Wagner erreicht hatte, was er erstrebte, als er an seinem Ziele angekommen war: da empfand Nietzsche die Disharmonie zwischen *seinem* und dem wirklichen Wagner. Und er fiel von Wagner ab. Psychologisch richtig deutet aber nur der diesen Abfall, der sagt: Nietzsche ist nicht von dem wirklichen Wagner abgefallen, denn er war ja niemals dessen Anhänger; er wurde sich nur klar über seine Täuschung. Was er in Wagner gesucht hatte, das konnte er in ihm nimmermehr finden; das hatte mit Wagner nichts zu tun, das mußte als eine höhere Welt von aller Wirklichkeit losgelöst werden. Nietzsche hat dann später die Notwendigkeit seines scheinbaren Abfalles von Wagner selbst gekennzeichnet. Er spricht aus, daß, was er «in jungen Jahren bei Wagnerscher Musik gehört habe, nichts überhaupt mit Wagner zu tun» habe. «Daß wenn ich die dionysische Musik beschrieb, ich das beschrieb, was *ich* gehört hatte, daß ich instinktiv alles in den neuen Geist übersetzen und transfigurieren mußte, den ich in mir trug. Der Beweis dafür, so stark als nur ein Beweis sein kann, ist meine Schrift ‹Wagner in Bayreuth›: an allen psychologisch entscheidenden Stellen ist nur von mir die Rede, – man darf rücksichtslos meinen Namen, oder das Wort ‹Zarathustra› hinstellen, wo der Text das Wort Wagner gibt. Das ganze Bild des dithyrambischen Künstlers ist das Bild des präexistenten Dichters des ‹Zarathustra› mit abgründlicher Tiefe hingezeichnet, und *ohne einen Augenblick die Wagnersche Realität auch nur zu berühren**. Wagner selbst hatte einen Begriff davon; er erkannte sich in der Schrift nicht wieder.»

Im «Zarathustra» zeichnete Nietzsche die Welt, die er bei Wagner vergebens gesucht hatte, losgelöst von aller Wirklichkeit. In ein anderes Verhältnis setzte er sein «Zarathustra-Ideal» zur Wirklichkeit als seine früheren Ideale. Er hatte ja mit der unmittelbaren Abkehr von dem Dasein schlechte Erfahrungen gemacht. Daß er diesem Dasein doch unrecht getan haben müsse und daß es sich deshalb so bitter an ihm gerächt habe, diese Vorstellung gewann in ihm immer mehr die Oberhand. Die Enttäuschung, die ihm *sein* Idealismus bereitet hatte, trieb ihn in eine feindliche Stimmung gegenüber allem Idealismus hinein. Seine Werke in der Zeit nach seinem Abfall von Wagner werden zu Anklagen gegen die Ideale. «Ein Irrtum nach dem andern wird gelassen aufs Eis gelegt, das Ideal wird nicht widerlegt – es *erfriert.*» So spricht er sich 1888 über das Ziel seines 1878 erschienenen Werkes «Menschliches, Allzumenschliches» aus. Nietzsche sucht zunächst Zuflucht bei der Wirklichkeit. Er vertieft sich in die neuere Naturwissenschaft, um durch sie eine echte Führerin in die Wirklichkeit zu gewinnen. Alle jenseitigen Welten, die den Menschen von dieser Wirklichkeit abführen, werden ihm nunmehr zu verabscheuungswürdigen Hinterwelten, erzeugt aus der Phantastik schwacher Menschen, die nicht Kraft genug haben, ihre Befriedigung aus dem

* Vom Verfasser hervorgehoben.

unmittelbaren frischen Dasein zu holen. Die Naturwissenschaft hat den Menschen an das Ende einer rein natürlichen Entwickelung gestellt. Alles, was unter ihm ist, hat dadurch, daß es den Menschen aus sich erzeugte, einen höheren Sinn bekommen. Der Mensch soll nun nicht diesen seinen Sinn verleugnen und sich zum Abbild eines Jenseitigen machen wollen. Er soll begreifen, daß er nicht der Sinn einer überirdischen Macht, sondern der «Sinn der Erde» ist. Was er über das erstreben will, was da ist, soll er nicht in Feindschaft gegen das Daseiende erstreben. In der Wirklichkeit selbst sucht Nietzsche auch die Keime zu dem Höheren, das die Wirklichkeit erträglich machen soll. Nicht einem göttlichen Wesen nachstreben soll der Mensch; aus seiner Wirklichkeit heraus soll er sich eine höhere Daseinsweise gebären. Diese Wirklichkeit selbst trägt über sich hinaus; das Menschentum vermag zum Übermenschentum zu werden. Entwickelung ist immer gewesen. Entwickelung soll auch der Mensch treiben. Die Gesetze der Entwickelung sind größer, umfassender als alles, was sich schon entwickelt hat. Man muß nicht allein hinschauen auf das, was da ist; man muß auf die Urkräfte zurückgehen, welche das Wirkliche erzeugt haben. Eine alte Weltanschauung hat geforscht, wie «Gut und Böse» in die Welt gekommen sind. Sie glaubte, hinter das Dasein zurückgehen zu müssen, um «im Ewigen» die Gründe für «Gut und Böse» zu entdecken. Aber mit dem «Ewigen», mit dem «Jenseitigen» mußte Nietzsche auch die «ewige» Geltung von «Gut und Böse» von sich weisen. Der Mensch ist durch Natürliches geworden; und mit ihm sind «Gut und Böse» geworden. Menschenschöpfung ist «Gut und Böse». Und tiefer als das Geschaffene ist der Schöpfer. Der

«Mensch» steht «jenseits von Gut und Böse». Er hat das eine zum Guten, das andere zum Bösen gemacht. Er darf sich nicht fesseln lassen durch sein bisheriges «Gut und Böse». Er kann den Weg der Entwickelung weiter schreiten, den er bisher gegangen ist. Er ist aus dem Wurm zum Menschen geworden; er kann vom Menschen zum Übermenschen werden. Er kann ein neues Gutes und Böses schaffen. Er darf die gegenwärtigen Werte «umwerten». Aus der Arbeit an seiner «Umwertung aller Werte» ist Nietzsche durch die geistige Umnachtung gerissen worden. Entwickelung des Wurmes zum Menschen war die Vorstellung, die er aus der neueren Naturwissenschaft gewonnen hat. Er wurde nicht selbst zum Forscher; er hat die Idee der Entwickelung von anderen übernommen. Ihnen war sie Vernunftangelegenheit. Ihm wurde sie Herzensangelegenheit. Die anderen führten den Geisteskampf gegen alte Vorurteile. Nietzsche fragte *sich:* Wie *er* mit der neuen Idee leben könne. *Sein* Kampf spielte sich ganz in seiner Seele ab. Er brauchte die Weiterentwickelung zum Übermenschen, um den Menschen zu ertragen. So hatte sein sensitives Gemüt auf einsamer Höhe für sich die Naturerkenntnisse zu überwinden, die er in sich aufgenommen hatte. In seiner letzten Schaffensepoche sucht Nietzsche aus der Wirklichkeit selbst zu gewinnen, was er früher in der Illusion, in einem idealen Gebiet zu erreichen glaubte. Das Leben erhält eine Aufgabe, die fest in dem Leben wurzelt und doch über dieses Leben hinausführt. Man kann in dem unmittelbaren Dasein, im wirklichen Leben nicht stehen bleiben; auch nicht in dem von der Naturwissenschaft durchleuchteten. Auch an diesem Leben *muß gelitten* sein. Das blieb Nietzsches Meinung. Auch der

«Übermensch» ist ein Mittel, das Dasein zu *ertragen*. Das alles weist darauf hin, daß Nietzsche zum «Leiden am Dasein» geboren war. In dem Aufsuchen nach Trostgründen bestand *sein* Genie. Der Kampf um Weltanschauungen hat oft Märtyrer erzeugt. Nietzsche hat keine neuen Weltanschauungsideen hervorgebracht. Man wird immer mehr erkennen, daß sein Genie nicht in der Produktion neuer Gedanken liegt. Er hat aber an den Gedanken seiner Umwelt tief gelitten. Er hat für diese Leiden die hinreißenden Töne seines «Zarathustra» gefunden. Er wurde zum *Dichter* der neuen Weltanschauung; die Hymnen auf den «Übermenschen» sind die persönliche, die *dichterische* Antwort auf die Fragen und Erkenntnisse der neueren Naturwissenschaft. Alles, was das neunzehnte Jahrhundert an Ideen hervorgebracht hat, wäre auch ohne Nietzsche da. Er wird der Zukunft nicht ein origineller Philosoph, nicht ein Religionsstifter oder Prophet sein; er wird ihr ein Märtyrer der Erkenntnis sein, der in der Dichtung Worte fand, um zu sagen, was er litt.

Meine erste Bekanntschaft mit Nietzsches Schriften fällt in das Jahr 1889. Vorher hatte ich keine Zeile von ihm gelesen. Auf den Inhalt meiner Ideen, wie sie in der «Philosophie der Freiheit» zum Ausdruck kamen, haben die seinigen keinen Einfluß gehabt. Ich las, was er geschrieben hatte, mit der Empfindung des Angezogenwerdens von dem Stil, den ihm sein Verhältnis zum Leben gegeben hatte. Ich empfand seine Seele als ein Wesen, das mit vererbter und anerzogener Aufmerksamkeit auf alles hinhorchen mußte, was das Geistesleben seiner Zeit hervorgebracht hatte, das aber stets fühlte, was geht mich doch *dieses* Geistesleben an; es muß eine andere Welt geben, in der ich leben kann; in dieser stört mich so vieles am Leben. Dieses Gefühl machte ihn zum geistbefeuerten Kritiker seiner Zeit; aber zu einem Kritiker, den die eigene Kritik krank machte. Der die Krankheit erleben *mußte*, und der von der Gesundheit, von *seiner* Gesundheit nur träumen konnte. Er suchte zuerst nach Möglichkeiten, seinen Traum von der Gesundheit zum Inhalt seines Lebens zu machen; und so suchte er mit Richard Wagner, mit Schopenhauer, mit dem modernen «Positivismus» so zu träumen, als ob er den Traum in seiner Seele zur Wirklichkeit machen wollte. Eines Tages entdeckte er, daß er nur geträumt hatte. Da fing er an, mit jeglicher Kraft, die seinem Geiste eigen war, nach Wirklichkeiten zu suchen. Wirklichkeiten, die «irgendwo» liegen mußten; er fand nicht «Wege» zu diesen Wirklichkeiten, aber Sehnsuchten. Da wurden die Sehnsuchten in ihm Wirklichkeiten. Er träumte weiter; aber die gewaltige Kraft seiner Seele schuf aus den Träumen innermenschliche Wirklichkeiten, die ohne die Schwere, die den Menschenideen seit lange eigen war, frei in einer geistfrohen, aber von dem «Zeitgeist» widerlich berührten Seelenstimmung schwebten.

So empfand ich Nietzsche. Das Freischwebende, Schwerelose seiner Ideen riß mich hin. Ich fand, daß dieses Freischwebende in ihm manche Gedanken gezeitigt hatte, die Ähnlichkeit mit denen hatten, die in mir selbst auf Wegen, die den seinigen ganz unähnlich waren, sich gebildet hatten.

So konnte ich 1895 in der Vorrede zu meinem Buche «Nietzsche, ein Kämpfer gegen seine Zeit» schreiben: «Schon in meinem 1886 erschienenen kleinen Buche ‹Erkenntnistheorie der Goetheschen Weltanschauung› kommt dieselbe Gesinnung zum Ausdruck, wie in einigen Werken Nietzsches.» Was mich aber besonders anzog, war, daß man Nietzsche lesen durfte, ohne irgendwie bei ihm selbst auf etwas zu stoßen, das den Leser zu seinem «Anhänger» machen wollte. Man konnte mit hingebender Freude seine Geisteslichter empfinden; man fühlte sich in diesem Empfinden ganz frei; denn man fühlte, seine Worte fingen an zu lachen, wenn man ihnen zugemutet hätte, man solle ihnen zustimmen, wie Haeckel oder Spencer dies voraussetzten.

So durfte ich auch, um mein Verhältnis zu Nietzsche auszusprechen, in dem genannten Buche dies mit Worten tun, die er über das seinige zu Schopenhauer geformt hat: «Ich gehöre zu den Lesern Nietzsches, welche, nachdem sie die erste Seite von ihm gelesen haben, mit Bestimmtheit wissen, daß sie alle Seiten lesen und auf jedes Wort hören werden, das er überhaupt gesagt hat. Mein Vertrauen zu ihm war sofort da ... Ich verstand ihn, als ob er für mich geschrieben hätte: um mich verständlich, aber unbescheiden und töricht auszudrücken.»

Kurz, bevor ich an die Niederschrift dieses Buches ging, erschien eines Tages Nietzsches Schwester, Elisabeth Förster-Nietzsche, im Goethe- und Schiller-Archiv. Sie machte eben die ersten Schritte zur Gründung eines Nietzsche-Archives und wollte erfahren, wie das Goethe- und Schiller-Archiv eingerichtet war. Bald darauf erschien auch der Herausgeber von Nietzsches Werken, Fritz Koegel, in Weimar, und ich lernte ihn kennen.

Ich bin später mit Frau Elisabeth Förster-Nietzsche in schwere Konflikte gekommen. Damals forderte ihr beweglicher, liebenswürdiger Geist meine tiefste Sympathie heraus. Ich habe unter den Konflikten unsäglich gelitten; eine verwickelte Situation hat es dazu kommen lassen; ich wurde genötigt, mich gegen Anschuldigungen zu verteidigen; ich weiß, daß das alles notwendig war, daß mir dadurch schöne Stunden, die ich im Nietzsche-Archiv in Naumburg und Weimar verleben durfte, mit einem Schleier der Bitternis in der Erinnerung überzogen sind; aber ich bin Frau Förster-Nietzsche doch dankbar, daß sie mich bei dem ersten der vielen Besuche, die ich bei ihr machen durfte, in das Zimmer Friedrich Nietzsches führte. Da lag der Umnachtete mit der wunderbar schönen Stirne, Künstler- und Denkerstirne zugleich, auf einem Ruhesofa. Es waren die ersten Nachmittagsstunden. Diese Augen, die im Erloschensein noch durchseelt wirkten, nahmen nur noch ein Bild der Umgebung auf, das keinen Zugang zur Seele mehr hatte. Man stand da, und Nietzsche wußte nichts davon. Und doch hätte man von dem durchgeistigten Antlitz noch glauben können, daß es der Ausdruck einer Seele wäre, die den ganzen Vormittag Gedanken in sich gebildet hatte, und die nun eine Weile ruhen wollte. Eine innere Erschütterung, die meine Seele ergriff, durfte meinen, daß sie sich in Verständnis für den Genius verwandle, dessen Blick auf mich gerichtet war, mich aber nicht traf. Die Passivität dieses lange Zeit verharrenden Blickes löste das Verständnis des eigenen Blickes aus, der die Seelenkraft des Auges wirken lassen durfte, ohne daß ihm begegnet wurde.

Und so stand vor meiner Seele: Nietzsches Seele wie schwebend über seinem Haupte, unbegrenzt schön in ihrem Geisteslichte; frei hingegeben geistigen Welten, die sie vor der Umnachtung ersehnt, aber nicht gefunden; aber gefesselt noch an den Leib, der nur so lange von ihr wußte, als diese Welt noch Sehnsucht war. Nietzsches Seele war noch da; aber sie konnte nur noch von außen den Körper halten, der ihr Widerstand bot, sich in ihrem vollen Lichte zu entfalten, so lange sie in seinem Innern war.

Ich hatte vorher *den* Nietzsche *gelesen*, der geschrieben hatte; jetzt hatte ich den Nietzsche *geschaut*, der aus weit entlegenen Geistgebieten Ideen in seinen Leib trug, die noch in Schönheit schimmerten, trotzdem sie auf dem Wege ihre ursprüngliche Leuchtkraft verloren hatten. Eine Seele, die aus früheren Erdenleben reiches Lichtgold brachte, es aber nicht ganz in diesem Leben zum Leuchten bringen konnte. Ich bewunderte, was Nietzsche geschrieben; aber ich schaute jetzt hinter meiner Bewunderung ein hellstrahlendes Bild.

Ich konnte in meinen Gedanken nur stammeln von dem, was ich damals geschaut; und das Stammeln ist der

Inhalt meines Buches «Nietzsche, ein Kämpfer gegen seine Zeit». Daß das Buch nur ein solches Stammeln geblieben ist, verbirgt die aber doch wahre Tatsache, daß das Bild Nietzsches es mir inspiriert hat.

Frau Förster-Nietzsche hat mich dann aufgefordert, Nietzsches Bibliothek zu ordnen. Ich habe dadurch mehrere Wochen im Nietzsche-Archiv in Naumburg zubringen dürfen. Ich wurde dabei auch mit Fritz Koegel sehr befreundet. Es war eine schöne Aufgabe, die die Bücher vor meine Augen stellte, in denen Nietzsche gelesen hatte. Sein Geist lebte in den Eindrücken auf, welche diese Bücher machten. Ein ganz mit Randbemerkungen versehenes, alle Spuren hingebendster Durcharbeitung tragendes Exemplar eines Emersonschen Buches. Guyaus Schriften mit ebensolchen Spuren. Bücher mit leidenschaftlich kritisierenden Bemerkungen von seiner Hand. Eine große Anzahl von Randbemerkungen, aus denen man die Keime seiner Ideen aufschießen sieht.

Eine durchgreifende Idee der letzten Schaffensperiode Nietzsches konnte ich aufleuchten sehen, indem ich seine Randbemerkung in *Eugen Dührings* philosophischem Hauptwerk las. Dühring konstruiert da den Gedanken, daß man das Weltall in einem Augenblick als eine Kombination von Elementarteilen vorstellen könne. Dann wäre das Weltgeschehen der Ablauf aller möglichen solcher Kombinationen. Wären diese erschöpft, dann müßte die allererste wiederkehren und der ganze Ablauf sich wiederholen. Stellte so etwas die Wirklichkeit vor, so müßte es unzählige Male schon geschehen sein und weiter in die Zukunft hinein unzählige Male geschehen. Man käme zu der Idee der ewigen Wiederholung gleicher Zustände des Weltalls. Dühring weist diesen Gedanken als einen unmöglichen zurück. Nietzsche liest das; er nimmt davon einen Eindruck auf; der arbeitet in den Untergründen seiner Seele weiter; und er formt sich dann in ihm als «die Wiederkunft des Gleichen», die mit der Idee vom «Übermenschen» zusammen seine letzte Schaffensperiode beherrscht.

Ich war tief ergriffen, ja erschüttert von dem Eindruck, den ich durch ein solches Nachgehen von Nietzsches Lektüre bekam. Denn ich sah, welch ein Gegensatz zwischen Nietzsches Geistesart und der seiner Zeitgenossen war. Dühring, der extreme Positivist, der alles ablehnt, was sich nicht aus einer ganz nüchtern orientierten, mathematisch verfahrenden Schematik ergibt, findet den Gedanken der «ewigen Wiederkunft des Gleichen» absurd, konstruiert ihn nur, um seine Unmöglichkeit darzutun: Nietzsche muß ihn als *seine* Welträtsellösung wie eine aus den Tiefen der eigenen Seele kommende Intuition aufnehmen.

So steht Nietzsche in vollem Gegensatz zu vielem, was als Inhalt des Denkens und Fühlens seiner Zeit auf ihn einstürmt. Er nimmt diese Stürme so auf, daß er tief durch sie leidet, und im Leiden, in unsäglichen Seelenschmerzen den Inhalt der eigenen Seele schafft. Das war die Tragik seines Schaffens.

Sie erreichte ihren Höhepunkt, als er die Gedankenskizzen zu seinem letzten Werke notierte, zum «Willen zur Macht», oder der «Umwertung aller Werte». Nietzsche war dazu veranlagt, alles, was er dachte und empfand, aus den Tiefen seiner Seele in rein geistiger Art heraufzuholen. Das Weltbild zu schaffen aus dem Geistgeschehen, das die Seele miterlebt, das lag in seiner Richtung. Das positivistische Weltbild seines, des naturwissenschaftlichen Zeitalters, floß aber auf ihn ein. Darinnen war nur die rein materielle geistlose Welt. Was in diesem Bild noch auf geistige Art gedacht war, das war der Überrest alter Denkweisen, die nicht mehr zu ihm paßten. Nietzsches unbegrenzter Wahrheitssinn wollte alles das ausmerzen. So kam er dazu, den Positivismus ganz extrem zu denken. Eine Geistwelt hinter der materiellen ward ihm zur Lüge. Er konnte aber nur aus der eigenen Seele heraus schaffen. So schaffen, wie ein wahres Schaffen nur Sinn erhält, wenn es den Inhalt der Geistwelt in Ideen vor sich hinstellt. Diesen Inhalt lehnte er ab. Der naturwissenschaftliche Weltinhalt hatte seine Seele so stark ergriffen, daß er *ihn* wie auf Geistwegen schaffen wollte. Lyrisch, in dionysischem Seelenfluge, schwingt sich seine Seele im «Zarathustra» auf. Wunderbar webt da das Geistige, aber es träumt in Geistwundern von materiellem Wirklichkeitsgehalt. Es zerstäubt der Geist in seiner Entfaltung, weil er nicht sich finden, sondern nur den erträumten Abglanz des Materiellen als seine Schein-Wesenheit erleben kann.

Ich lebte in der eigenen Seele damals in Weimar viel in dem Anschauen von Nietzsches Geistesart. In meinem eigenen Geist-Erleben hatte diese Geistesart ihren Platz. Dieses Geist-Erleben konnte mit Nietzsches Ringen, mit Nietzsches Tragik leben; was gingen es die positivistisch gestalteten Gedankenergebnisse Nietzsches an!

Andere haben mich für einen «Nietzscheaner» gehalten, weil ich restlos bewundern konnte auch, was meiner eigenen Geistesrichtung entgegengesetzt war. Mich fesselte, wie der Geist in Nietzsche sich offenbarte; ich glaubte, ihm gerade dadurch nahe zu sein, denn er stand niemand nahe durch Gedanken-Inhalte; er fand sich allein mit Menschen und Zeiten im Mit-Erleben der Geist-Wege zusammen.

Eine Zeitlang habe ich mit dem Herausgeber von Nietzsches Werken, Fritz Koegel, viel verkehrt. Manches auf die Nietzsche-Ausgabe Bezügliche haben wir durchgesprochen. Eine offizielle Stellung im Nietzsche-Archiv oder zur Nietzsche-Ausgabe habe ich nie gehabt. Als Frau Förster-Nietzsche mir eine solche anbieten wollte, führte gerade das zu Konflikten mit Fritz Koegel, die fortan mir jede Gemeinsamkeit mit dem Nietzsche-Archiv unmöglich machten.

Mein Verhältnis zum Nietzsche-Archiv stellte sich in mein Weimarer Leben als eine Episode starker Anregungen hinein, die mir zuletzt im Zerbrechen des Verhältnisses tiefes Leid brachte.

Aus der weitgehenden Beschäftigung mit Nietzsche verblieb mir die Anschauung von seiner Persönlichkeit, deren Schicksal war, das naturwissenschaftliche Zeitalter der letzten Hälfte des neunzehnten Jahrhunderts in Tragik mitzuerleben, und an der Berührung mit ihm zu zerbrechen. Er *suchte* in diesem Zeitalter, konnte aber in ihm nichts *finden*. Mich konnte das Erleben an ihm nur festigen in der Anschauung, daß alles Suchen in den Ergebnissen der Naturwissenschaft das Wesentliche nicht *in* ihnen, sondern *durch* sie *im Geiste finden* müsse.

So trat gerade durch Nietzsches Schaffen das Problem der Naturwissenschaft in erneuerter Gestalt vor meine Seele. Goethe und Nietzsche standen in meiner Perspektive. Goethes energischer Wirklichkeitssinn war nach den Wesen und Vorgängen der Natur gerichtet. Er wollte in der Natur bleiben. Er hielt sich in reinen Anschauungen von Pflanzen-, Tier- und Menschenformen. Aber indem er sich mit der Seele in diesen bewegte, kam er überall zum Geiste. Den in der Materie waltenden Geist fand er. Bis zu der Anschauung des in sich selbst lebenden und waltenden Geistes wollte er nicht gehen. Eine «geistgemäße» Naturerkenntnis bildete er aus. Vor einer reinen Geist-Erkenntnis machte er halt, um die Wirklichkeit nicht zu verlieren.

Nietzsche ging vom Geist-Anschauen in mythischer Form aus. Apollo und Dionysos waren Geistgestalten, die er erlebte. Der Ablauf der menschlichen Geistgeschichte erschien ihm wie ein Zusammenwirken, oder auch wie ein Kampf zwischen Apollo und Dionysos. Aber er brachte es nur zu dem mythischen Vorstellen solcher Geistgestalten. Er drang nicht vor zu der Anschauung wirklicher geistiger Wesenheit. Vom Geist-Mythos aus drang er zur Natur vor. Apollo sollte in Nietzsches Seele das Materielle nach dem Muster der Naturwissenschaft vorstellen; Dionysos sollte wirken wie Naturkräfte. Aber da verfinsterte sich Apollos Schönheit; da ward des Dionysos Weltemotion durch die Naturgesetzmäßigkeit gelähmt.

Goethe *fand* den Geist in der Naturwirklichkeit; Nietzsche *verlor* den Geist-Mythos in dem Naturtraum, in dem er lebte.

Ich stand zwischen diesen beiden Gegensätzen. Die seelischen Erlebnisse, die sich in meiner Schrift «Nietzsche, ein Kämpfer gegen seine Zeit» ausgelebt hatten, fanden zunächst keine Fortsetzung; dagegen stellte sich in meiner letzten Weimarer Zeit Goethe wieder beherrschend vor meine Betrachtung. Ich wollte den Weg kennzeichnen, den das Weltanschauungsleben der Menschheit bis zu Goethe genommen hat, um dann Goethes Anschauungsart in ihrem Hervorgehen aus diesem Leben darzustellen. Ich habe das versucht in dem Buche «Goethes Weltanschauung», das 1897 erschienen ist.

Ich wollte da zur Anschauung bringen, wie Goethe aus der reinen Naturerkenntnis überall, wo er hinblickt, den Geist aufblitzend erblickt; aber ich habe die Art, wie Goethe sich zum Geist als solchem stellte, ganz unberührt gelassen. Ich wollte den Teil von Goethes Weltanschauung charakterisieren, der in einer «geistgemäßen» Naturanschauung lebt.

Nietzsches Ideen von der «ewigen Wiederkunft» und dem «Übermenschen» standen lange vor mir. Denn in ihnen spiegelte sich, was eine Persönlichkeit über die Entwickelung der Menschheit und über das Wesen des Menschen erleben mußte, die von der Erfassung der geistigen Welt durch die festgezimmerten Gedanken der Naturanschauung vom Ende des neunzehnten Jahrhunderts zurückgehalten wurde. Nietzsche sah die Entwickelung der Menschheit so, daß sich, was in einem Augenblick geschieht, unzählige Male in ganz gleicher Gestalt schon ereignet hat und unzählige Male sich in der Zukunft ereignen werde. Die atomistische Gestaltung des Weltalls läßt den gegenwärtigen Augenblick als eine bestimmte Kombination der kleinsten Wesenheiten erscheinen; an diese muß sich eine andere anschließen, an diese wieder eine andere; und wenn alle möglichen Kombinationen erschöpft sind, so muß die anfängliche wieder erscheinen. – Ein menschliches Leben mit allen seinen Einzelheiten war unzählige Male da; es wird unzählige Male mit all diesen selben Einzelheiten wiederkehren.

Die «wiederholten Erdenleben» des Menschen dämmerten im Unterbewußtsein Nietzsches. Sie führen das Menschenleben durch die Menschheitsentwickelung zu Lebensetappen, in denen das waltende Schicksal auf geistgestaltenden Bahnen den Menschen nicht zu einer Wiederholung des gleichen Erlebens, sondern zu einem vielgestalteten Hindurchgehen durch den Weltenlauf kommen läßt. Nietzsche war umklammert von den Fesseln der Naturanschauung. Was diese aus den wiederholten Erdenleben machen konnte, das zauberte sich vor seine Seele. Und er *lebte* das. Denn er empfand *sein* Leben als ein tragisches, erfüllt mit schmerzvollsten Erfahrungen, niedergedrückt von Leid. – *Dieses* Leben noch unzählige Male zu erfahren – das stand vor seiner Seele statt der Perspektive auf die befreienden Erfahrungen, die eine solche Tragik in der Weiterentfaltung kommender Leben zu erfahren hat.

Und Nietzsche empfand, daß in dem Menschen, der sich in Einem Erdendasein erlebt, ein anderer sich offenbart – ein «Übermensch», der aus sich nur die Fragmente seines Gesamtlebens im leiblichen Erdendasein ausgestalten kann. Die naturalistische Entwickelungs-Idee ließ ihm diesen «Übermenschen» nicht als das geistig Waltende innerhalb des Sinnlich-Physischen schauen, sondern als das durch bloß naturgemäße Entwickelung sich Ausgestaltende. Wie aus dem Tier der Mensch sich entfaltet hat, wird sich aus dem Menschen der «Übermensch» entfalten. Die Naturanschauung entriß Nietzsche den Ausblick auf den «Geistmenschen» im «Naturmenschen» und blendete ihn mit einem höheren Naturmenschen.

Was nach dieser Richtung Nietzsche erlebt hat, das stand in vollster Lebhaftigkeit im Sommer 1896 vor meiner Seele. Damals gab mir Fritz Koegel seine Zusammenstellung von Nietzsches Aphorismen zur «ewigen Wiederkunft» zur Durchsicht. Ich habe, was ich damals über das Hervorgehen von Nietzsches Ideen gedacht habe, 1900 in einem Aufsatze im «Magazin für Literatur» niedergeschrieben. – In einzelnen Sätzen dieses Aufsatzes ist festgehalten, was ich 1896 an Nietzsche und der Naturwissenschaft erlebt habe. Ich werde diese meine Gedanken von damals hier wiederholen, losgelöst von der Polemik, in die sie damals gekleidet waren.

«Es ist kein Zweifel, daß Nietzsche diese einzelnen Aphorismen in zwangloser Reihenfolge aufgeschrieben hat ... Ich habe meine damals ausgesprochene Überzeugung auch heute noch: daß Nietzsche bei Gelegenheit der Lektüre von *Eugen Dührings* ‹Kursus der Philosophie als streng wissenschaftlicher Weltanschauung und Lebensgestaltung› (Leipzig 1875) und unter dem Einflusse dieses Buches die Idee gefaßt hat. Auf Seite 84 dieses Werkes findet sich nämlich der Gedanke ganz klar ausgesprochen; nur wird er da energisch bekämpft, wie ihn Nietzsche verteidigt. Das Buch ist in Nietzsches Bibliothek vorhanden. Es ist, wie zahlreiche Bleistiftstriche am Rande zeigen, von Nietzsche eifrig gelesen worden ... Dühring sagt: ‹Der tiefere logische Grund alles bewußten Lebens fordert daher im strengsten Sinne des Wortes eine *Unerschöpflichkeit** der Gebilde. Ist diese Unendlichkeit, vermöge deren immer neue Formen hervorgetrieben werden, an sich möglich? Die bloße Zahl der materiellen Teile und Kraftelemente würde an

* Vom Verfasser hervorgehoben.

sich die unendliche Häufung der Kombinationen ausschließen, wenn nicht das stetige Medium des Raumes und der Zeit eine Unbeschränktheit der Variationen verbürgte. Aus dem, was zählbar ist, kann auch nur eine erschöpfbare Anzahl von Kombinationen folgen. Aus dem aber, was seinem Wesen nach ohne Widerspruch gar nicht als etwas Zählbares konzipiert werden darf, muß auch die unbeschränkte Mannigfaltigkeit der Lagen und Beziehungen hervorgehen können. Diese Unbeschränktheit, die wir für das Schicksal der Gestaltungen des Universums in Anspruch nehmen, ist nun mit jeder Wandlung und selbst mit dem Eintreten eines Intervalls der annähernden Beharrung oder der vollständigen *Sichselbstgleichheit* (von mir unterstrichen), aber nicht mit dem Aufhören alles Wandels verträglich. Wer die Vorstellung von einem Sein kultivieren möchte, welches dem Ursprungszustande entspricht, sei daran erinnert, daß die zeitliche Entwickelung nur eine einzige reale Richtung hat, und daß die Kausalität ebenfalls dieser Richtung gemäß ist. Es ist leichter, die Unterschiede zu verwischen als sie festzuhalten, und es kostet daher wenig Mühe, mit Hinwegsetzung über die Kluft das Ende nach Analogie des Anfangs zu imaginieren. Hüten wir uns jedoch vor solchen oberflächlichen Voreiligkeiten; denn die einmal gegebene Existenz des Universums ist keine gleichgültige Episode zwischen zwei Zuständen der Nacht, sondern der einzige feste und lichte Grund, von dem aus wir unsere Rückschlüsse und Vorwegnahmen bewerkstelligen ...› Dühring findet auch, daß eine immerwährende Wiederholung der Zustände keinen Reiz für das Leben hat. Er sagt: ‹Nun versteht es sich von selbst, daß die Prinzipien des Lebensreizes mit ewiger Wiederholung derselben Formen nicht verträglich sind ...›»

Nietzsche wird mit der Naturanschauung in eine Konsequenz hineingetrieben, vor der Dühring durch die mathematische Betrachtung und durch das Schreckbild, das sie vor dem Leben darstellt, zurückschauert.

In meinem Aufsatze heißt es weiter: «... machen wir die Voraussetzung, daß mit den materiellen Teilen und Kraftelementen eine zählbare Anzahl von Kombinationen möglich sei, so haben wir die Nietzschesche Idee der ‹Wiederkunft des Gleichen›. Nichts anderes als die Verteidigung einer aus der Dühringschen Ansicht genommenen *Gegen-Idee* haben wir in dem Aphorismus 203 (Band XII in Koegels Ausgabe, und Aphorismus 22 in Horneffers Schrift: ‹Nietzsches Lehre von der ewigen Wiederkunft›): ‹Das Maß der All-Kraft ist *bestimmt*, nichts „Unendliches“: hüten wir uns vor solchen Ausschweifungen des Begriffs! Folglich ist die Zahl der Lagen, Veränderungen, Kombinationen und Entwickelungen dieser Kraft zwar ungeheuer groß und praktisch „*unermeßlich*“, aber jedenfalls auch bestimmt und nicht unendlich, das heißt die Kraft ist ewig gleich und ewig tätig: – bis zu diesem Augenblick ist schon eine Unendlichkeit abgelaufen, das heißt, alle möglichen Entwickelungen müssen *schon dagewesen sein*. Folglich muß die augenblickliche Entwickelung eine Wiederholung sein und so die, welche sie gebar, und die, welche aus ihr entsteht, und so vorwärts und rückwärts weiter! Alles ist unzählige Male dagewesen, insofern die Gesamtlage aller Kräfte wiederkehrt ...› Und Nietzsches *Gefühl* gegenüber diesem Gedanken ist genau das Gegenteilige von dem, das Dühring bei ihm hat. Nietzsche ist dieser Gedanke die höchste Formel der Lebensbejahung. Aphorismus 43 (bei Horneffer, 234 in Koegels Ausgabe) lautet: ‹Die zukünftige Geschichte: immer mehr wird *dieser* Gedanke siegen, – und die nicht daran Glaubenden müssen ihrer Natur nach endlich *aussterben!* Nur wer sein Dasein für ewig wiederholungsfähig hält, bleibt *übrig:* unter *solchen* aber ist ein Zustand *möglich*, an den noch kein Utopist gereicht hat!› Es ist der Nachweis möglich, daß viele der Nietzscheschen Gedanken auf dieselbe Art entstanden sind wie der ewige Wiederkunftsgedanke. Nietzsche bildete zu irgend einer vorhandenen Idee die Gegen-Idee. Schließlich führte ihn dieselbe Tendenz auf sein Hauptwerk: ‹Umwertung aller Werte›.»

Mir war damals klar: Nietzsche ist mit gewissen seiner nach der Geist-Welt strebenden Gedanken ein Gefangener der Naturanschauung. Deshalb lehnte ich die mystische Interpretation seines Wiederkunftgedankens streng ab. Und ich stimmte Peter Gast zu, der in seiner Ausgabe von Nietzsches Werken geschrieben hat: «Die rein mechanisch zu verstehende Lehre von der Erschöpfbarkeit, also Repetition der kosmischen Molekularkombinationen.» – Nietzsche glaubte einen Höhe-Gedanken aus den Grundlagen der Naturanschauung holen zu müssen. Das war die Art, wie er an seiner Zeit leiden mußte.

So stand, was man – nach dem Geiste ausblickend – an der Naturanschauung vom Ende des neunzehnten Jahrhunderts zu leiden hatte, in dem Anblicke von Nietzsches Seele 1896 vor mir.

ANMERKUNGEN ZU DIESER AUSGABE

Bearbeitet von Edwin Froböse und Caroline Wispler

Die Schrift «Friedrich Nietzsche, ein Kämpfer gegen seine Zeit» erschien erstmals 1895. Die zweite Auflage wollte Rudolf Steiner 1921 noch selbst herausgeben und mit einer neuen Vorrede versehen. Obwohl das Buch schon vollständig gesetzt war, kam es infolge der Arbeitsüberlastung Rudolf Steiners nicht mehr zur Veröffentlichung. Er hatte vorgesehen, diese Neuausgabe zu erweitern um die am 13. September 1900 gehaltene Gedächtnisrede für Nietzsche sowie um die beiden im selben Jahr verfaßten Beiträge aus der «Wiener Klinischen Rundschau». Diese Ergänzungen wurden dann auch in die nach Rudolf Steiners Tod erschienenen Auflagen von 1926 und innerhalb der Rudolf Steiner Gesamtausgabe von 1963 aufgenommen, ferner das Kapitel über Friedrich Nietzsche aus der Selbstbiographie «Mein Lebensgang». – Alle weiteren Schriften und Aufsätze Rudolf Steiners zu diesem Thema sowie die Auseinandersetzungen um das Nietzsche-Archiv und über den «Kampf um die Nietzsche-Ausgabe» sind innerhalb der Gesamtausgabe im Band «Gesammelte Aufsätze zur Kultur- und Zeitgeschichte 1887–1901» (Bibl.-Nr. 31, Dornach 1966) veröffentlicht.

Der vorliegenden Taschenbuchausgabe liegt der Text der Buchausgabe von 1963 zugrunde. Die Anmerkungen und Quellenangaben wurden ergänzt und das Personenregister neu hinzugefügt.

Zu Seite

9 Rudolf Steiner, *Grundlinien einer Erkenntnistheorie der Goetheschen Weltanschauung* mit besonderer Rücksicht auf Schiller (1886), GA 1960, Bibl.-Nr. 2.

10 *Buch über Nietzsche von ...:* Lou Andreas-Salomé, Friedrich Nietzsche in seinen Werken, Wien 1894 (3. Aufl. Dresden 1924). Nietzsche lernte Lou Salomé (1861–1937) in Rom 1882 durch die ihm befreundete Malvida von Meysenbug (siehe Hinweis zu S. 133) und Paul Rée kennen. Für ein halbes Jahr war sie seine Schülerin und Begleiterin. – Siehe über sie und ihr Buch den Brief von Rudolf Steiner an Rosa Mayreder vom 20. August 1895, in Briefe Band II aus den Jahren 1892–1902, Dornach 1953.

Paul Rée, 1849–1901, Philosoph und Psychologe, zu dem Nietzsche im Herbst 1876 freundschaftliche Beziehungen aufnahm, nachdem dessen *Psychologische Betrachtungen* (1875) großen Eindruck auf ihn gemacht hatten (siehe S. 133/34 in diesem Buch). *Ursprung der moralischen Empfindung* (1877).

10 *Fritz Koegel*, 1860–1904; von 1894 bis 1897 war er von Elisabeth Förster-Nietzsche mit der Herausgabe der Nietzsche-Gesamtausgabe beauftragt (bei C. G. Naumann, Leipzig, siehe Seite 13) und hatte in der Zeit freundschaftlichen Kontakt mit Rudolf Steiner. Sowohl vorher wie nach dieser Zeit war er Generaldirektor verschiedener Großindustriebetriebe. Die Abfertigung erschien in Nr. 8, 23. Februar 1895, mit dem Titel: Friedrich Nietzsche und Frau Lou Andreas-Salomé. – Siehe auch Hinweis zu S. 185.

11 *Den im «Nietzsche-Archiv» in Naumburg verlebten Stunden ... :* siehe dazu R. Steiner «Mein Lebensgang», Kap. XVIII (in diesem Band S. 183) und Hinweis zu S. 185.

14 Bei der Niederschrift der Aufsätze im zweiten Teil des Buches lagen von der Naumannschen Ausgabe auch die Bände IX–XII vor mit Veröffentlichungen aus den ungedruckten Arbeiten, von denen Band XII mit Schriften und Entwürfen aus dem Nachlaß der achtziger Jahre schon im Herbst 1898 wieder aus dem Buchhandel gezogen wurde. – Zu den Kämpfen um diese erste Nietzsche-Ausgabe siehe Rudolf Steiners Aufsätze im «Magazin für Literatur» 1900: Das Nietzsche-Archiv und seine Anklagen gegen den bisherigen Herausgeber. Eine Enthüllung, – sowie die folgenden Aufsätze. Wiedererschienen in R. Steiner, Gesammelte Aufsätze zur Kultur- und Zeitgeschichte 1887–1901. GA 1966, Bibl.-Nr. 31, S. 505–614. – E. F. Podach bemerkt dazu (Friedrich Nietzsches Werke des Zusammenbruchs, Heidelberg 1961, S. 400): «Die von Steiner in der von ihm herausgegebenen Zeitschrift («Das Magazin für Literatur», 19. Jg. 1900) veröffentlichten Aufsätze über Elisabeth Förster-Nietzsche und ihr Archiv waren die ersten, die sich zum Ziele setzten, die Öffentlichkeit aufzuklären, ‹in welchen Händen Nietzsches Nachlaß ist›. Steiner hatte sich jahrelang sehr eingehend mit Nietzsche (auch den Handschriften) beschäftigt und unterhielt zu F. Koegel enge Beziehungen. Seine verschiedenen Nietzsche-Publikationen bringen manche sachlich wichtigen Aufschlüsse und verbinden die hohe Schätzung Nietzsches mit einer kritischen Einstellung.»

15 u. 21 *Grübler und Rätselfreund:* Die Geburt der Tragödie aus dem Geiste der Musik. Vorrede zur 2. Auflage: Versuch einer Selbstkritik, 1.

15 *«begegnet niemandem ... :»* Morgenröte. Vorrede, 2.

«Ich gehöre zu den Lesern [Schopenhauers] ... »: Unzeitgemäße Betrachtungen. Drittes Stück, Schopenhauer als Erzieher, 2.

15 *«Ihr sagt, ihr glaubt an Zarathustra?...»:* Also sprach Zarathustra. Die Reden Zarathustras, Von der schenkenden Tugend, 3.

18 *«Aber daß ich euch ganz mein Herz offenbare...»:* Also sprach Zarathustra. Zweiter Teil, Auf den glückseligen Inseln.

«Es ist so kleinstädtisch»...: Schopenhauer als Erzieher, 1.

19 *«während die Donner der Schlacht...»:* Die Geburt der Tragödie. Versuch einer Selbstkritik, 1.

«schlimmen und gefährlichen Folgen»...: Unzeitgemäße Betrachtungen. Erstes Stück, David Strauß, der Bekenner und Schriftsteller, 1.

20 *Georg Brandes* (eig. Morris Cohen), 1842–1927, dänischer Kritiker und Literarhistoriker; mit seiner Vorlesung über Nietzsche (Frühjahr 1888, siehe Hinweis zu S. 172) wurde er dessen Wegbereiter in der öffentlichen Auseinandersetzung. – *Menschen und Werke*, Essays, Frankfurt a. M. 1894; siehe darin: Friedrich Nietzsche. Eine Abhandlung über aristokratischen Radikalismus, S. 137 bis 224.

«Du fragst warum?...»: Also sprach Zarathustra. Zweiter Teil, Von den Dichtern.

20/21 *«Der Wille zur Wahrheit, der...»:* Jenseits von Gut und Böse. Vorspiel einer Philosophie der Zukunft. Erstes Hauptstück, 1.

21 *«Ich bin dazu berufen»...:* Johann Gottlieb Fichte, Einige Vorlesungen über die Bestimmung des Gelehrten (Jenaer Vorlesungen 1894) – Leipzig o. J. (Reclam), S. 48.

23 *«Urteile, Werturteile über das Leben...»:* Götzen-Dämmerung oder wie man mit dem Hammer philosophiert. Das Problem des Sokrates, 2.

24 *«Honigsammler des Geistes»:* Zur Genealogie der Moral, Vorrede.

30 *... daß es ihm schwer ist, seine Mitmenschen zu «verdauen»:* Fröhliche Wissenschaft, 3. Buch, 167.

33/34 *«Mein Ehrgeiz ist, ...»:* Götzen-Dämmerung. Streifzüge eines Unzeitgemäßen, 51.

42 *«Was ist das Größte, das...»:* Also sprach Zarathustra. Zarathustras Vorrede, 3.

43 *«Kein Hirt und Eine Herde!...»:* a. a. O., 5.

44 *«Den Einsiedlern werde ich ...»:* a. a. O., 9.

45 *«Und wenn mich einst meine Klugheit ...»:* a. a. O., 10.

46 *«Seinen Willen will nun ...»:* Also sprach Zarathustra. Die Reden Zarathustras. Von den drei Verwandlungen.

47 *«Wenige wissen das ...»* und *«Seine Weisheit heißt ...»:* a. a. O., Von den Lehrstühlen der Tugend.

«Ach, ihr Brüder, dieser Gott ...»: a. a. O., Von den Hinterweltlern.

48 *«Einen neuen Stolz lehrte mich ...»:* ebenda.

«Hinter deinen Gedanken und ...»: a. a. O., Von den Verächtern des Leibes.

49 *«Es ist mehr Vernunft ...»:* ebenda.

50 *Richard Wagner, Oper und Drama* (1851) in: Richard Wagners sämtliche Schriften und Dichtungen, Band III, Leipzig o. J. (5. Aufl.), S. 222–320. – *«daß ein Mittel des Ausdrucks ...»:* Einleitung, S. 231.

Schopenhauers Lehre von der Musik: Die Welt als Wille und Vorstellung, 3. Buch, § 52. Sämtliche Werke, hg. von Rudolf Steiner, Stuttgart o. J., Dritter Band, bes. S. 108.

52 *So waren die Künstler «zu allen Zeiten ...»:* Zur Genealogie der Moral. 3. Abhandlung, 5.

«Daß also das Kunstwerk ...»: Arthur Schopenhauers sämtliche Werke, hg. von R. Steiner, 5. Band, S. 210.

52/53 *«Wann aber äußerer Anlaß ...»:* a.a.O., Dritter Band, S. 37/38.

53 *«die ein wirklicher Zuschauer ...»:* Zur Genealogie der Moral. 3. Abhandlung, 6.

Kant fordert vom schönen Kunstwerk, ...: siehe Immanuel Kant, Kritik der Urteilskraft. I. Teil, Kritik der ästhetischen Urteilskraft.

55 *«Die deutsche Theologie»* (Theologia Teutsch), Schrift eines Frankfurters aus dem Deutschherrenhaus zu Sachsenhausen bei Frankfurt a. M., zuerst herausgegeben von Martin Luther 1518;

Neuausgabe mit neuhochdeutscher Übersetzung von Franz Pfeiffer (5. Aufl. 1923). – Siehe darüber Rudolf Steiner, Die Mystik im Aufgang des neuzeitlichen Geisteslebens und ihr Verhältnis zur modernen Weltanschauung (1901), GA 1960, Bibl.-Nr. 7, S. 66–72.

55 *von dem Luther sagt . . . :* In der Vorrede zur ersten Ausgabe der «Deutschen Theologie» (1518); zitiert von Arthur Schopenhauer, Die Welt als Wille und Vorstellung, Viertes Buch, § 68 (Sämtliche Werke, hg. von R. Steiner, Dritter Band, S. 256); dort auch Schopenhauers Ansicht darüber.

59 *«Völlige Keuschheit und Entsagung . . .» :* Schopenhauers sämtliche Werke, hg. von R. Steiner, Dritter Band, S. 258.

60 *Richard Wahle,* 1857–1935, Philosoph. Siehe Rudolf Steiner, Die Rätsel der Philosophie (1914), GA 1968, Bibl.-Nr. 18, S. 480 bis 482. – *Das Ganze der Philosophie und ihr Ende.* Ihre Vermächtnisse an die Theologie, Ästhetik und Staatspädagogik, Wien und Leipzig 1894; das Zitat bildet den Schluß des Werkes, S. 538.

62 *Emil Du Bois-Reymond,* 1815–1896, Naturwissenschaftler, Physiologe. Siehe Rudolf Steiner, Die Rätsel der Philosophie, S. 428 bis 433. – *Über die Grenzen des Naturerkennens,* Vortrag in der 2. öffentlichen Sitzung der 45. Versammlung deutscher Naturforscher und Ärzte zu Leipzig am 14. August 1872, Leipzig 1872, S. 32.

65 Rudolf Steiner, *Wahrheit und Wissenschaft.* Vorspiel einer «Philosophie der Freiheit» (1892), GA 1958, Bibl.-Nr. 3 – und: *Die Philosophie der Freiheit,* Grundzüge einer modernen Weltanschauung. Seelische Beobachtungsresultate nach naturwissenschaftlicher Methode (1894), GA 1973, Bibl.-Nr. 4.

68 *«Was durch das Wissen . . .» :* Johann Gottlieb Fichte, Die Bestimmung des Menschen, Zweites Buch: Wissen. – Werke (Auswahl in 6 Bänden), hg. von Fritz Medicus, Leipzig o. J. (F. Meiner), Dritter Band, S. 82.

«Alle Realität» ist für Fichte . . . : a. a. O., Zweites Buch: Wissen, S. 81.

70 *«Es soll schlechthin etwas geschehen . . .»:* a. a. O., Drittes Buch: Glaube I., S. 95.

70/71 *«Ich sage, das Gebot des Handelns . . .»:* a. a. O., Drittes Buch: Glaube II., S. 101.

71 *«Erhabener, lebendiger Wille ...»:* a. a. O., Drittes Buch: Glaube IV., S. 139/40.

72 *«Ich will nicht versuchen ...»:* a. a. O., Drittes Buch: Glaube IV., S. 141.

73 *«Diese Lehrer der Ergebung! ...»:* Also sprach Zarathustra. Dritter Teil, Von der verkleinernden Tugend, 3.

77/78 *«Und wollt ihr nicht Schicksale ...»:* a. a. O., Von alten und neuen Tafeln, 29.

78 *in das Tal, das «Schlangentod» heißt:* Also sprach Zarathustra. Vierter und letzter Teil, Der häßlichste Mensch.

82 *Für Schelling zum Beispiel ist alle sinnliche Schönheit nur ein Abglanz ...:* Siehe außer der «Philosophie der Kunst» (Vorlesungen 1802–1805) das Gespräch «Bruno, oder über das göttliche und natürliche Prinzip der Dinge» (1802).

83 *Hegel nennt das Schöne «das sinnliche Scheinen der Idee»:* G. W. F. Hegel, Vorlesungen über die Ästhetik, Kapitel I, Begriff des Schönen.

87/88 *der «vor allem das Auge erregt hält, ...»:* Götzen-Dämmerung. Streifzüge eines Unzeitgemäßen, 10.

96 *Max Stirner* (eig. Kaspar Schmidt), 1806–1856, Philosoph. Siehe Rudolf Steiner, Die Rätsel der Philosophie, S. 307–317.

97 *Es ist für Stirner einerlei, ob ...:* Max Stirner, Der Einzige und sein Eigentum (1845), Leipzig o. J., S. 56.

97/99 *«Vorchristliche und christliche Zeit ...»:* a. a. O., S. 424/425.

99 *‹Ich hab' mein' Sach' auf nichts gestellt›:* Aus Goethes Gedicht: Vanitas! Vanitatum vanitas!

100 *«daß die Welt, welche ihn umgibt ...»:* Schopenhauers sämtliche Werke, hg. von R. Steiner, Zweiter Band, S. 29.

103 *Die Darstellung des Dionysischen im apollinischen Bilde ...:* Die Geburt der Tragödie, 10.

der ... als Schüler des Sokrates bezeichnete Euripides: a.a.O., 13.

105 *Kant einen «verwachsenen Begriffskrüppel»:* Siehe Götzen-Dämmerung. Was den Deutschen abgeht, 7.

108 *Wie ein Krankheitsprozeß erschien ihm später ...:* Der Fall Wagner. Vorwort.

116 *David Friedrich Strauß*, 1808–1874, siehe Rudolf Steiner, Die Rätsel der Philosophie, S. 301–305. – *Der alte und der neue Glaube* (1872), 11. Aufl. Bonn 1881.

127 *Die Philosophie Friedrich Nietzsches als psycho-pathologisches Problem:* In «Wiener Klinische Rundschau», Wien. Organ für die gesamte praktische Heilkunde sowie für die Interessen des ärztlichen Standes. XIV. Jahrg. 1900, Nr. 30 und 31.

128 *«Honette Dinge tragen ...»:* Götzen-Dämmerung. Das Problem des Sokrates, 5.

129 *«Religiöse Schwierigkeiten kenne ich nicht ...»* und *«‹Gott›, ‹Unsterblichkeit› ...»:* Ecce homo. Warum ich so klug bin, 1.

Michael Georg Conrad, 1846–1927, Herausgeber der Zeitschrift «Die Gesellschaft».

131 *Schopenhauer selbst hat der Musik ...:* siehe S. 50 und den Hinweis dazu.

131/132 *«Schopenhauer redet mit sich ...:»* Schopenhauer als Erzieher, 2.

132 *«Ich bin ferne davon zu glauben, ...»:* Nachträge zur dritten Unzeitgemäßen Betrachtung: Schopenhauer als Erzieher. Einzelne Gedanken, 1.

133/134 *Malwida Freiin von Meysenbug*, 1816–1903, Schriftstellerin. Nietzsche lernte die Wagnerverehrerin 1872 in Bayreuth kennen; er lebte immer wieder längere Zeit in ihrem Kreise in Sorrent und Rom. – *Memoiren einer Idealistin*, Drei Bände, 1876. – *Der Lebensabend einer Idealistin*, Nachträge zu den Memoiren, Berlin und Leipzig o.J. (1898).

134 *«Wie sehr seine (Rées) Art ...»* und *«Es sei – sagte Nietzsche – ...»:* a. a. O., S. 59/60.

135 *Lehre von der «Ewigen Wiederkunft»:* Also sprach Zarathustra. Dritter Teil, der Genesende. – Siehe dazu in: Ecce homo. Über: Also sprach Zarathustra, 1.

Eugen Dühring, 1833–1921, Philosoph und Nationalökonom in Berlin, freier Schriftsteller. Siehe Rudolf Steiner, Die Rätsel der Philosophie, S. 491–500. – *Kursus der Philosophie* als streng wissenschaftlicher Weltanschauung und Lebensgestaltung, Leipzig 1875.

«Was ist die Reaktion der Meinungen ...»: Vorarbeiten und Nachträge zum «Menschlichen, Allzumenschlichen» (1876–1878);

Die Sorrentiner Papiere; Anzeichen höherer und niederer Kultur, 65.

136 *«Der Wille zur Wahrheit...»:* Jenseits von Gut und Böse. Von den Vorurteilen der Philosophen, 1.

«Ich erwarte immer noch...»: Die fröhliche Wissenschaft. Vorrede, 2.

137 *«Und was unsere Zukunft betrifft...»:* a.a.O., 4.

«Sokrates gehörte seiner Herkunft nach...»: Götzen-Dämmerung. Das Problem des Sokrates, 3.

138 *«die ganze Tonleiter» seiner «Feindseligkeiten abzusingen»:* Siehe Nietzsches Brief vom 19. März 1874 an Erwin Rohde: «... Daß ich es mit meinen Ergüssen ziemlich dilettantisch unreif treibe, weiß ich wohl, aber es liegt mir durchaus daran, erst einmal den ganzen polemisch-negativen Stoff in mir auszustoßen; ich will unverdrossen erst die ganze Tonleiter meiner Feindseligkeiten absingen, auf und nieder, recht greulich, ‹daß das Gewölbe widerhallt.› Später, fünf Jahre später, schmeiße ich alle Polemik hinter mich und sinne auf ein ‹gutes Werk›. Aber jetzt ist mir die Brust ordentlich verschleimt vor lauter Abneigung und Bedrängnis, da muß ich mich expektorieren, ziemlich oder unziemlich, wenn nur endgültig. Elf schöne Weisen habe ich noch abzusingen.»

139 *«Er hat, der Reihe nach...»:* a.a.O., Streifzüge eines Unzeitgemäßen, 21.

140 *«Ein Irrtum nach dem andern...»:* Ecce homo. Über: Menschliches, Allzumenschliches, 1.

141 *«Ich sehe die Möglichkeit vor mir...»:* Der Antichrist, 61.

142 *Nietzsches Werke, Band VII, S. III, Anhang:* Nachbericht durch den Herausgeber des Bandes, Fritz Koegel (erschienen Oktober 1894).

«Die ganze Arbeit der antiken Welt...»: Der Antichrist, 59.

143 *«Mir steht nun einmal fest...»:* Gedanken und Entwürfe zur Unzeitgemäßen Betrachtung: Wir Philologen (Frühjahr und Herbst 1875). Die Genesis des jetzigen Philologen, 19.

«Daß allein eine Weltinterpretation...»: Die fröhliche Wissenschaft. Fünftes Buch: Wir Furchtlosen, 373.

144 *«Dem Winde tut mir gleich...»:* Also sprach Zarathustra. Vierter und letzter Teil, Vom höheren Menschen, 20.

«Habe ich noch zu sagen,...»: Der Antichrist. 46.

145 *«Es ist für ein Volk klug,...»:* Jenseits von Gut und Böse. Völker und Vaterländer, 244.

145/146 *«Mir eignet eine vollkommen unheimliche...»:* Ecce homo. Warum ich so weise bin, 8.

146/147 *«Man hat die Instinkte,...»:* Götzen-Dämmerung. Streifzüge eines Unzeitgemäßen, 40.

147 *«Dies Buch gehört den Wenigsten...»:* Der Antichrist. Vorwort.

148 *«Was ist Moralität!...»:* Band XII, Schriften und Entwürfe 1881–1885. Die Wiederkunft des Gleichen. Einverleibung der Leidenschaften, 59. (Für neuere Ausgaben nicht nachgewiesen.) – Zur Frage der Veröffentlichung des Nachlasses, insbesondere der «Wiederkunft des Gleichen», vergl. die Aufsätze Rudolf Steiners im «Magazin für Literatur», siehe Hinweis zu S. 14.

150/151 *«‹Fröhliche Wissenschaft›: das bedeutet...»:* Die fröhliche Wissenschaft. Vorrede, 1.

153 *Friedrich Nietzsches Persönlichkeit und die Psycho-Pathologie:* In «Wiener Klinische Rundschau», Wien. Organ für die gesamte praktische Heilkunde sowie für die Interessen des ärztlichen Standes. XIV. Jahrg. Nr. 37. – Erschien auch als Sonderdruck im Verlag Joh. N. Vernay, Wien 1900.

Theodor Ziehen, 1862–1950, Philosoph, Mediziner, Psychiater. Siehe Rudolf Steiner, Von Seelenrätseln, GA 1976, Bibl.-Nr. 21, S. 153 ff. *Leitfaden der physiologischen Psychologie* in 15 Vorlesungen, Jena 1900 (5. Auflage).

154 *«Im Jahre 1879 legte ich...»:* Ecce homo. Warum ich so weise bin, 1.

155 *«Ein Philosoph, der den Gang...»:* Die fröhliche Wissenschaft. Vorrede, 3.

«Denn man gebe acht darauf...»: Ecce homo. Warum ich so weise bin, 2.

155/156 *«Man hat nämlich, vorausgesetzt...»:* Die fröhliche Wissenschaft. Vorrede, 2.

156 *«Pessimismus des neunzehnten Jahrhunderts...»* und *«den schönsten Luxus...»:* Die fröhliche Wissenschaft. Fünftes Buch: Wir Furchtlosen, 370.

«Ich komme wieder,...»: Also sprach Zarathustra. Dritter Teil, Der Genesende, 2.

«Denn ein Göttertisch ist die Erde...»: a. a. O., Die sieben Siegel, 3.

157 *«Mein Vater starb...»:* Ecce homo. Warum ich so weise bin, 1.

Giacomo, Graf Leopardi, 1798–1837, italienischer Dichter.

158 *«Jetzt, wo ich die Wirkungen...»:* Ecce homo. Warum ich so klug bin, 2.

159 *«Ich werfe den Mitleidigen vor...»:* a. a. O., Warum ich so weise bin, 4.

«Die Schwachen und Mißratenen...»: Der Antichrist. 2.

160 *«Gesetzt aber, es gibt diesen Kampf...»:* Götzen-Dämmerung. Streifzüge eines Unzeitgemäßen, 14.

«Nehmen wir das bedeutende Wort...»: Goethes Naturwissenschaftliche Schriften, hg. von Rudolf Steiner, Dornach 1975, Band IV, 2. Sprüche in Prosa, Ethisches, S. 461.

161 *«Geselligkeit lag in meiner Natur...»:* a. a. O., Sprüche in Prosa, Goethe über sich selbst, S. 537.

«zwei Seelen wohnen, ach! in meiner Brust»: Faust I, Vor dem Tor. Vers 1112.

164 *«Wagner den Rücken zu kehren...»:* Der Fall Wagner. Vorwort.

«Wer seine Zeit angreift...»: Der neue Umblick. Der Wanderer an seine Freunde (Entwurf aus dem Herbst 1878), Zur Vorrede, 4. (Für neuere Ausgaben nicht nachgewiesen).

166 *«Man muß das Verhängnis,...»:* Der Antichrist. 8.

«Jetzt – zwischen zwei Nichtse...»: Dionysos-Dithyramben, Zwischen Raubvögeln.

167 *«Die Griechen als das einzig geniale Volk...»:* Gedanken und Entwürfe zur Unzeitgemäßen Betrachtung: Wir Philologen (Frühjahr und Herbst 1875). 4. Abschnitt: Die wirklichen Griechen und ihre Abschwächung durch die Philologen, B. 15.

167/168 *«Jedes Volk wird beschämt,...»:* Die Philosophie im tragischen Zeitalter der Griechen, 1.

168 *«Den Griechen verdanke ich...»:* Götzen-Dämmerung. Was ich den Alten verdanke, 2.

168/169 *«Die prachtvoll geschmeidige Leiblichkeit...»:* a. a. O., 3.

169 *«Müssen wir es uns nicht eingestehen...»:* Die fröhliche Wissenschaft. Fünftes Buch: Wir Furchtlosen, 369.

171 *Die Persönlichkeit Friedrich Nietzsches. Eine Gedächtnisrede:* Erste Veröffentlichung aus den Darbietungen der «Kommenden» an den Donnerstag-Abenden im Nollendorf-Casino. Redigiert von Dr. A. N. Gotendorf, Dr. H. Lux, v. Méville, L. Rossins vom Rhyn, Dr. R. Steiner, Dr. F. Colmers. Buch 1, Berlin 1901, im Selbstverlag der «Kommenden».

171/172 *«Ihr sagt, ihr glaubt an...»:* Also sprach Zarathustra. Die Reden Zarathustras. Von der schenkenden Tugend, 3.

172 *Zyklus von Vorlesungen (von) Georg Brandes:* Über «den deutschen Philosophen Friedrich Nietzsche». – Vgl. Nietzsches Brief an Brandes vom 10. April 1888, mit einer erstmaligen Lebensskizze, sowie die folgenden Briefe vom 4. und 23. Mai, und an Peter Gast vom 31. Mai.

174 *Friedrich Wilhelm Ritschl,* 1806–1876, Altphilologe, bei dem Nietzsche zunächst in Bonn (1863) studierte und ihm 1864 nach Leipzig folgte. Als Lehrer und Freund förderte er ihn auf jede Weise; sie entfremdeten sich durch das Unverständnis, mit dem Ritschl, wie fast die ganze Gelehrtenwelt damals, Nietzsches «Geburt der Tragödie» begegnete.

174 *Friedrich Nietzsche kann alles, was er will:* Siehe den Brief Ritschls an Erziehungsrat Dr. Wilhelm Vischer in Basel vom 11. Januar 1869; im Auszug mitgeteilt in: Elisabeth Förster-Nietzsche, Der junge Nietzsche, Leipzig 1912, S. 225: «Aber es ist mir gar kein Zweifel, daß, wenn ein praktisches Bedürfnis an ihn herantritt, er bei seiner großen Begabung auch in andere Gebiete sich mit bestem Erfolg einarbeiten werde. Er wird eben alles können, was er will.»

175 *«Elendes Eintagsgeschlecht...»:* Die Geburt der Tragödie. 3.

«Singend und tanzend...»: a. a. O., 1.

177 *«Ein fruchtbares, reiches,...»:* siehe S. 162.

178 *was er «in jungen Jahren ...»:* siehe S. 164/65.

179 *«Ein Irrtum nach dem andern...»:* Ecce homo. Über: Menschliches, Allzumenschliches, 1.

184 *zu Schopenhauer geformt hat:* siehe S. 15, Unzeitgemäße Betrachtungen. Drittes Stück, Schopenhauer als Erzieher, 2.

185 *Fritz Koegel:* siehe Hinweis zu S. 10.

mit Frau Elisabeth Förster-Nietzsche in schwere Konflikte: siehe dazu Rudolf Steiner, Das Nietzsche-Archiv und seine Anklagen gegen den bisherigen Herausgeber. Eine Enthüllung. (Siehe Hinweis zu S. 14.) – Eine Darstellung der Beziehungen Rudolf Steiner, Fritz Koegel, Elisabeth Förster-Nietzsche enthält: *Emil Bock*, Rudolf Steiner, Studien zu seinem Lebensgang und Lebenswerk, Stuttgart 1967, S. 108–132.

187 *Eugen Dühring:* siehe S. 135 und Hinweis dazu.

194 *Aufsatz im «Magazin für Literatur»:* Rudolf Steiner, Die «sogenannte» Wiederkunft des Gleichen von Nietzsche. Eine Fortsetzung meiner Erwiderung auf E. Horneffers Aufsatz «Eine Verteidigung der sogenannten ‹Wiederkunft des Gleichen› von Nietzsche». Gesammelte Aufsätze zur Kultur- und Zeitgeschichte (s. Hinweis zu S. 14), S. 549.

197 *Peter Gast* (Pseudonym für Heinrich Köselitz), 1854–1918, Musiker; Freund Nietzsches, der ihm als Schreiber behilflich war und ihn oft auf Reisen begleitete. – Siehe Nietzsches Briefe an Peter Gast, Berlin 1929, und Peter Gasts Briefe an Friedrich Nietzsche, Zwei Bände, Berlin 1923. – 1892–94 war er der Herausgeber der Schriften Nietzsches bei Naumann, Leipzig; er übernahm diese Aufgabe 1899 wieder, trotz der Probleme mit Elisabeth Förster-Nietzsche. – Das Zitat befindet sich in Peter Gasts Einleitung zu Nietzsches «Menschliches, Allzumenschliches», welche bei Naumann, Leipzig, als Separatdruck erschien (o. J.), S. XIV.

PERSONENREGISTER

LITERATURHINWEIS

(GA = Rudolf Steiner Gesamtausgabe)

Zur Weiterführung und Vertiefung der Darstellungen des vorliegenden Bandes sei auf folgende Ausgaben von Rudolf Steiner verwiesen:

Schriften

Die Rätsel der Philosophie in ihrer Geschichte als Umriß dargestellt. GA Bibl.-Nr. 18 (Taschenbuch tb 611/tb 612).

Mein Lebensgang. GA Bibl.-Nr. 28 (Taschenbuch tb 636)

Gesammelte Aufsätze zur Kultur- und Zeitgeschichte 1887–1901. GA Bibl.-Nr. 31.

Biographien und biographische Skizzen 1894–1905. GA Bibl.-Nr. 33.

Vorträge

Ursprung und Ziel des Menschen. Grundbegriffe der Geisteswissenschaft. Dreiundzwanzig Vorträge, Berlin 29. September 1904 bis 8. Juni 1905. Vortrag 1. Dezember 1904: Friedrich Nietzsche im Lichte der Geisteswissenschaft. GA Bibl.-Nr. 53.

Wo und wie findet man den Geist? Achtzehn Vorträge, Berlin 15. Oktober 1908 bis 6. Mai 1909. Vortrag 20. März 1909: Nietzsche im Lichte der Geisteswissenschaft. GA Bibl.-Nr. 57.

Aus dem mitteleuropäischen Geistesleben. Fünfzehn Vorträge, Berlin 2. Dezember 1915 bis 15. April 1916. Vortrag 23. März 1916: Nietzsches Seelenleben und Richard Wagner. Zur deutschen Weltanschauungsentwickelung der Gegenwart. GA Bibl.-Nr. 65.

Anthroposophie, ihre Erkenntniswurzeln und Lebensfrüchte. Acht Vorträge, Stuttgart 29. August bis 6. September 1921. Vortrag 31. August 1921: Friedrich Nietzsche als Kämpfer gegen das Agnostische unserer Zeit, und Vortrag 1. September 1921: Nietzsches Seelentragik. GA Bibl.-Nr. 78.

Die Beantwortung von Welt- und Lebensfragen durch Anthroposophie. Neunzehn Einzelvorträge und zwei Fragenbeantwortungen, gehalten zwischen dem 20. März 1908 und dem 21. November 1909 in verschiedenen Städten. Vortrag Düsseldorf 10. Juni 1908: Friedrich Nietzsche im Lichte der Geisteswissenschaft. GA Bibl.-Nr. 108.

Perspektiven der Menschheitsentwickelung. Siebzehn Vorträge, Dornach 2. April bis 5. Juni 1921. Vortrag 22. April 1921: Friedrich Nietzsche, die tragische Persönlichkeit zerbrechend an den materialistisch bedingten Unwahrheiten des neunzehnten Jahrhunderts. GA Bibl.-Nr. 204.

Menschenfragen und Weltenantworten. Dreizehn Vorträge, Dornach 24. Juni bis 22. Juli 1922. Vortrag 14. Juli 1922: Franz Brentano und Friedrich Nietzsche, und Vortrag 15. Juli 1922: Franz Brentano, Friedrich Nietzsche und die naturwissenschaftliche Geistesströmung. GA Bibl.-Nr. 213.

Lebendiges Naturerkennen. Intellektueller Sündenfall und spirituelle Sündenerhebung. Zwölf Vorträge, Dornach 5. bis 28. Januar 1923. Vortrag 28. Januar 1923: Herman Grimm und Friedrich Nietzsche in ihrer Beziehung zum neueren Geistesleben. GA Bibl.-Nr. 220.

Erdenwissen und Himmelserkenntnis. Neun Vorträge, Dornach 2. bis 18. Februar 1923. In Vorträgen 16. und 17. Februar 1923: Moralische Antriebe und physische Wirksamkeit im Menschenwesen. Das Erfassen eines Geistesweges. GA Bibl.-Nr. 221.

Das Lebenswerk, welches Rudolf Steiner der Nachwelt hinterlassen hat, dürfte nach Gehalt und Umfang innerhalb der Kulturwelt wohl ohne Beispiel dastehen. Seine Schriften – die Werke und Aufsätze – bilden die Grundlage für das, was er im Laufe seines Lebens in Vorträgen und Kursen seinen Zuhörern als «anthroposophisch orientierte Geisteswissenschaft» von immer neuen Aspekten aus darstellte und ausführte. Der größte Teil dieser rund sechstausend Vorträge ist in Nachschriften erhalten geblieben. Daneben entfaltete er auch auf künstlerischem Gebiet eine große Tätigkeit, welche ihren Höhepunkt in der Errichtung des ersten Goetheanumbaues in Dornach fand. So liegen eine große Anzahl malerischer, plastischer und architektonischer Arbeiten, Entwürfe und Skizzen von seiner Hand vor. Die durch ihn gegebenen Anregungen für die Erneuerung zahlreicher Lebensgebiete beginnen in der gegenwärtigen Zeit vermehrte Beachtung zu finden.

Seit dem Jahre 1956 wird durch die «Rudolf Steiner-Nachlaßverwaltung» an der Herausgabe der *«Rudolf Steiner Gesamtausgabe»* gearbeitet, die einen Umfang von etwa 330 Bänden erhalten wird. In den beiden ersten Abteilungen erscheinen die *Schriften* und das *Vortragswerk,* während in einer dritten Abteilung das *künstlerische Werk* in geeigneter Form zur Wiedergabe gelangt.

Einen systematischen Überblick über das Gesamtwerk gibt die 1961 erschienene Bibliographie: *«Rudolf Steiner. Das literarische und künstlerische Werk. Eine bibliographische Übersicht»,* auf welche sich die im folgenden verwendete Bezeichnung «Bibl.-Nr.» bezieht. Über den jeweiligen Stand der erschienenen Bände orientiert der Katalog des «Rudolf Steiner Verlages».

Chronologischer Lebensabriß

(zugleich Übersicht über die geschriebenen Werke)

1861 Am 27. Februar wird Rudolf Steiner in Kraljevec (damals Österreich-Ungarn, heute Jugoslawien) als Sohn eines Beamten der österreichischen Südbahn geboren. Seine Eltern stammen aus Niederösterreich. Er verlebt seine Kindheit und Jugend an verschiedenen Orten Österreichs.

1872 Besuch der Realschule in Wiener-Neustadt bis zum Abitur 1879.

1879 Studium an der Wiener Technischen Hochschule: Mathematik und Naturwissenschaft, zugleich Literatur, Philosophie und Geschichte. Grundlegendes Goethe-Studium.

1882 Erste schriftstellerische Tätigkeit.

1882–1897 Herausgabe von Goethes Naturwissenschaftlichen Schriften in Kürschners «Deutsche National-Litteratur», fünf Bände (Bibl.-Nr. 1 a-e). Eine selbständige Ausgabe der Einleitungen erschien 1925 unter dem Titel *Goethes Naturwissenschaftliche Schriften* (Bibl.-Nr. 1).

1884–1890 Privatlehrer bei einer Wiener Familie.

1886 Berufung zur Mitarbeit bei der Herausgabe der großen «Sophien-Ausgabe» von Goethes Werken.
Grundlinien einer Erkenntnistheorie der Goetheschen Weltanschauung mit besonderer Rücksicht auf Schiller (Bibl.-Nr. 2).

1888 Herausgeber der «Deutschen Wochenschrift», Wien (Aufsätze daraus in Bibl.-Nr. 31). Vortrag im Wiener Goethe-Verein: *Goethe als Vater einer neuen Ästhetik* (in Bibl.-Nr. 30).

1890–1897 Weimar. Mitarbeit am Goethe- und Schiller-Archiv. Herausgeber von Goethes Naturwissenschaftlichen Schriften.

1891 Promotion zum Doktor der Philosophie an der Universität Rostock. 1892 erscheint die erweiterte Dissertation: *Wahrheit und Wissenschaft. Vorspiel einer «Philosophie der Freiheit»* (Bibl.-Nr. 3).

1894 *Die Philosophie der Freiheit. Grundzüge einer modernen Weltanschauung. Seelische Beobachtungsresultate nach naturwissenschaftlicher Methode* (Bibl.-Nr. 4).

1895 *Friedrich Nietzsche. Ein Kämpfer gegen seine Zeit* (Bibl.-Nr. 5).

1897 *Goethes Weltanschauung* (Bibl.-Nr. 6).
Übersiedlung nach Berlin. Herausgabe des «Magazin für Literatur» und der «Dramaturgischen Blätter» zusammen mit O. E. Hartleben. (Aufsätze daraus in Bibl.-Nrn. 29-32.) Wirksamkeit in der «Freien literarischen Gesellschaft», der «Freien dramatischen Gesellschaft», im «Giordano Bruno-Bund», im Kreis der «Kommenden» u. a.

1899–1904 Lehrtätigkeit an der von W. Liebknecht gegründeten Berliner «Arbeiter-Bildungsschule».

1900/01	*Welt- und Lebensanschauungen im 19. Jahrhundert,* 1914 erweitert zu: *Die Rätsel der Philosophie* (Bibl.-Nr. 18). Beginn der anthroposophischen Vortragstätigkeit auf Einladung der Theosophischen Gesellschaft in Berlin. *Die Mystik im Aufgange des neuzeitlichen Geisteslebens* (Bibl.-Nr. 7).
1902–1912	Aufbau der Anthroposophie. Regelmäßige öffentliche Vortragstätigkeit in Berlin und ausgedehnte Vortragsreisen in ganz Europa. Marie von Sivers (ab 1914 Marie Steiner) wird seine ständige Mitarbeiterin.
1902	*Das Christentum als mystische Tatsache und die Mysterien des Altertums* (Bibl.-Nr. 8).
1903	Begründung und Herausgabe der Zeitschrift «Luzifer», später *«Lucifer-Gnosis»* (Aufsätze in Bibl.-Nr. 34).
1904	*Theosophie. Einführung in übersinnliche Welterkenntnis und Menschenbestimmung* (Bibl.-Nr. 9).
1904/05	*Wie erlangt man Erkenntnisse der höheren Welten?* (Bibl.-Nr. 10). *Aus der Akasha-Chronik* (Bibl.-Nr. 11). *Die Stufen der höheren Erkenntnis* (Bibl.-Nr. 12).
1910	*Die Geheimwissenschaft im Umriß* (Bibl.-Nr. 13).
1910–1913	In München werden die *Vier Mysteriendramen* (Bibl.-Nr. 14) uraufgeführt.
1911	*Die geistige Führung des Menschen und der Menschheit* (Bibl.-Nr. 15).
1912	*Anthroposophischer Seelenkalender. Wochensprüche* (in Bibl.-Nr. 40, und selbständige Ausgaben). *Ein Weg zur Selbsterkenntnis des Menschen* (Bibl.-Nr. 16).
1913	Trennung von der Theosophischen und Begründung der Anthroposophischen Gesellschaft. *Die Schwelle der geistigen Welt* (Bibl.-Nr. 17).
1913–1923	Errichtung des in Holz als Doppelkuppelbau gestalteten ersten Goetheanum in Dornach/Schweiz.
1914–1923	Dornach und Berlin. In Vorträgen und Kursen in ganz Europa gibt Rudolf Steiner Anregungen für eine Erneuerung auf vielen Lebensgebieten: Kunst, Pädagogik, Naturwissenschaften, soziales Leben, Medizin, Theologie. Weiterbildung der 1912 inaugurierten neuen Bewegungskunst «Eurythmie».

1914	*Die Rätsel der Philosophie in ihrer Geschichte als Umriß dargestellt* (Bibl.-Nr. 18).
1916–1918	*Vom Menschenrätsel* (Bibl.-Nr. 20). *Von Seelenrätseln* (Bibl.-Nr. 21). *Goethes Geistesart in ihrer Offenbarung durch seinen «Faust» und durch das «Märchen von der Schlange und der Lilie»* (Bibl.-Nr. 22).
1919	Rudolf Steiner vertritt den Gedanken einer «Dreigliederung des sozialen Organismus» in Aufsätzen und Vorträgen, vor allem im süddeutschen Raum. *Die Kernpunkte der sozialen Frage in den Lebensnotwendigkeiten der Gegenwart und Zukunft* (Bibl.-Nr. 23). *Aufsätze über die Dreigliederung des sozialen Organismus* (Bibl.-Nr. 24). Im Herbst wird in Stuttgart die «Freie Waldorfschule» begründet, die Rudolf Steiner bis zu seinem Tode leitet.
1920	Beginnend mit dem Ersten anthroposophischen Hochschulkurs finden im noch nicht vollendeten Goetheanum fortan regelmäßig künstlerische und Vortragsveranstaltungen statt.
1921	Begründung der Wochenschrift «Das Goetheanum» mit regelmäßigen Aufsätzen und Beiträgen Rudolf Steiners (in Bibl.-Nr. 36).
1922	*Kosmologie, Religion und Philosophie* (Bibl.-Nr. 25). In der Silvesternacht 1922/23 wird der Goetheanumbau durch Brand vernichtet. Für einen neuen in Beton konzipierten Bau kann Rudolf Steiner in der Folge nur noch ein erstes Außenmodell schaffen.
1923	Unausgesetzte Vortragstätigkeit, verbunden mit Reisen. Zu Weihnachten 1923 Neubegründung der «Anthroposophischen Gesellschaft» als «Allgemeine Anthroposophische Gesellschaft» unter der Leitung Rudolf Steiners.
1923–1925	Rudolf Steiner schreibt in wöchentlichen Folgen seine unvollendet gebliebene Selbstbiographie *Mein Lebensgang* (Bibl.-Nr. 28) sowie *Anthroposophische Leitsätze* (Bibl.-Nr. 26), und arbeitet mit Dr. Ita Wegman an dem Buch *Grundlegendes für eine Erweiterung der Heilkunst nach geisteswissenschaftlichen Erkenntnissen* (Bibl-Nr. 27).
1924	Steigerung der Vortragstätigkeit. Daneben zahlreiche Fachkurse. Letzte Vortragsreisen in Europa. Am 28. September letzte Ansprache zu den Mitgliedern. Beginn des Krankenlagers.
1925	Am 30. März stirbt Rudolf Steiner in Dornach.

RUDOLF STEINER GESAMTAUSGABE

Überblick über das literarische und künstlerische Werk

Erste Abteilung: Die Schriften

I. Werke

Goethes Naturwissenschaftliche Schriften, eingeleitet und kommentiert von R. Steiner, 5 Bände (Bibl.-Nr. 1a-e); separate Ausgabe der Einleitungen (Bibl.-Nr. 1)
Grundlinien einer Erkenntnistheorie der Goetheschen Weltanschauung (Bibl.-Nr. 2)
Wahrheit und Wissenschaft. Vorspiel einer «Philosophie der Freiheit» (Bibl.-Nr. 3)
Die Philosophie der Freiheit (Bibl.-Nr. 4)
Friedrich Nietzsche, ein Kämpfer gegen seine Zeit (Bibl.-Nr. 5)
Goethes Weltanschauung (Bibl.-Nr. 6)
Die Mystik im Aufgange des neuzeitlichen Geisteslebens und ihr Verhältnis zur modernen Weltanschauung (Bibl.-Nr. 7)
Das Christentum als mystische Tatsache und die Mysterien des Altertums (Bibl.-Nr. 8)
Theosophie. Einführung in übersinnliche Welterkenntnis und Menschenbestimmung (Bibl.-Nr. 9)
Wie erlangt man Erkenntnisse der höheren Welten? (Bibl.-Nr. 10)
Aus der Akasha-Chronik (Bibl.-Nr. 11)
Die Stufen der höheren Erkenntnis (Bibl.-Nr. 12)
Die Geheimwissenschaft im Umriß (Bibl.-Nr. 13)
Vier Mysteriendramen: Die Pforte der Einweihung – Die Prüfung der Seele Der Hüter der Schwelle – Der Seelen Erwachen (Bibl.-Nr. 14)
Die geistige Führung des Menschen und der Menschheit (Bibl.-Nr. 15)
Anthroposophischer Seelenkalender (in Bibl.-Nr. 40)
Ein Weg zur Selbsterkenntnis des Menschen (Bibl.-Nr. 16)
Die Schwelle der geistigen Welt (Bibl.-Nr. 17)
Die Rätsel der Philosophie in ihrer Geschichte als Umriß dargestellt (Bibl.-Nr. 18)
Vom Menschenrätsel (Bibl.-Nr. 20)
Von Seelenrätseln (Bibl.-Nr. 21)
Goethes Geistesart in ihrer Offenbarung durch seinen «Faust» und durch das «Märchen von der Schlange und der Lilie» (Bibl.-Nr. 22)
Die Kernpunkte der sozialen Frage in den Lebensnotwendigkeiten der Gegenwart und Zukunft (Bibl.-Nr. 23)
Aufsätze über die Dreigliederung des sozialen Organismus und zur Zeitlage 1915-1921 (Bibl.-Nr. 24)

Kosmologie, Religion und Philosophie (Bibl.-Nr. 25)

Anthroposophische Leitsätze (Bibl.-Nr. 26)

Grundlegendes für eine Erweiterung der Heilkunst nach geisteswissenschaftlichen Erkenntnissen. Von Dr. Rudolf Steiner und Dr. Ita Wegman (Bibl.-Nr. 27)

Mein Lebensgang (Bibl.-Nr. 28)

II. Gesammelte Aufsätze

Gesammelte Aufsätze zur Dramaturgie 1889-1901 (Bibl.-Nr. 29)

Methodische Grundlagen der Anthroposophie. Gesammelte Aufsätze zur Philosophie, Naturwissenschaft, Ästhetik und Seelenkunde 1884-1901 (Bibl.-Nr. 30)

Gesammelte Aufsätze zur Kultur- und Zeitgeschichte 1887-1901 (Bibl.-Nr. 31)

Gesammelte Aufsätze zur Literatur 1886-1902 (Bibl.-Nr. 32)

Biographien und biographische Skizzen 1894-1905 (Bibl.-Nr. 33)

Luzifer-Gnosis. Grundlegende Aufsätze zur Anthroposophie und Berichte aus der Zeitschrift «Luzifer» und «Lucifer-Gnosis» 1903-1908 (Bibl.Nr. 34)

Philosophie und Anthroposophie. Gesammelte Aufsätze 1904-1918 (Bibl.Nr. 35)

Der Goetheanumgedanke inmitten der Kulturkrisis der Gegenwart. Gesammelte Aufsätze aus der Wochenschrift «Das Goetheanum» 1921-1925 (Bibl.-Nr. 36)

III. Veröffentlichungen aus dem Nachlaß

Briefe – Wahrspruchworte – Bühnenbearbeitungen – Entwürfe zu den Vier Mysteriendramen 1910-1913 – Anthroposophie. Ein Fragment aus dem Jahre 1910 – Gesammelte Skizzen und Fragmente – Aus Notizbüchern und -blättern (Bibl.-Nrn. 38-47)

Zweite Abteilung: Das Vortragswerk

I. Öffentliche Vorträge

Die Berliner öffentlichen Vortragsreihen («Architektenhaus-Vorträge») 1903/04 bis 1917/18 (Bibl-Nrn. 51-67)

Öffentliche Vorträge, Vortragsreihen und Hochschulkurse an anderen Orten Europas 1906-1924 (Bibl.-Nrn. 68-84)

II. Vorträge vor Mitgliedern der Anthroposophischen Gesellschaft

Vorträge und Vortragszyklen allgemein-anthroposophischen Inhalts – Evangelien-Betrachtungen – Christologie – Geisteswissenschaftliche Menschenkunde – Kosmische und menschliche Geschichte – Die geistigen Hintergründe der sozialen Frage – Der Mensch in seinem Zusammenhang mit dem Kosmos – Karma-Betrachtungen (Bibl.-Nrn. 91-244)

Vorträge und Schriften zur Geschichte der anthroposophischen Bewegung und der Anthroposophischen Gesellschaft (Bibl.-Nrn. 251-263)

III. Vorträge und Kurse zu einzelnen Lebensgebieten

Vorträge über Kunst: Allgemein-Künstlerisches – Eurythmie – Sprachgestaltung und Dramatische Kunst – Musik – Bildende Künste – Kunstgeschichte (Bibl.-Nrn. 271-292)

Vorträge über Erziehung (Bibl.-Nrn. 293-311)

Vorträge über Medizin (Bibl.-Nrn. 312-319)

Vorträge über Naturwissenschaft (Bibl.-Nrn. 320-327)

Vorträge über das soziale Leben und die Dreigliederung des sozialen Organismus (Bibl.-Nrn. 328-341)

Vorträge für die Arbeiter am Goetheanumbau (Bibl.-Nrn. 347-354)

Dritte Abteilung: Das künstlerische Werk

Reproduktionen und Veröffentlichungen aus dem künstlerischen Nachlaß

Originalgetreue Wiedergaben von malerischen und graphischen Entwürfen und Skizzen Rudolf Steiners in Kunstmappen oder als Einzelblätter

Die Bände der Rudolf Steiner Gesamtausgabe sind innerhalb einzelner Gruppen einheitlich ausgestattet. Jeder Band ist einzeln erhältlich. Ausführliche Verzeichnisse können beim Verlag angefordert werden.